Peter Goodgame

GLOBALISTAS
E ISLAMISTAS

*Fomentar el "Choque de Civilizaciones"
para un Nuevo Orden Mundial*

Peter Goodgame

GLOBALISTAS E ISLAMISTAS:
*Fomentar el "Choque de Civilizaciones"
para un Nuevo Orden Mundial*

*THE GLOBALISTS & THE ISLAMISTS:
Fomenting the "Clash of Civilizations" for a New World Order*,
Omnia Veritas Ltd, 2014

Traducido del inglés y publicado por Omnia Veritas Ltd

www.omnia-veritas.com

© Omnia Veritas Ltd - 2023

Reservados todos los derechos. Queda prohibida la reproducción, distribución o transmisión total o parcial de esta publicación, en cualquier forma o por cualquier medio, incluidos el fotocopiado, la grabación u otros métodos electrónicos o mecánicos, sin la autorización previa por escrito del editor, salvo en el caso de citas breves incluidas en reseñas críticas y otros usos no comerciales permitidos por la legislación sobre derechos de autor.

LOS BRITÁNICOS, ORIENTE PRÓXIMO Y EL ISLAM RADICAL 9

- I. Introducción 9
- II. Gran Bretaña toma Oriente Medio 10
- III. Gran Bretaña y Egipto 16
- IV. El derrocamiento de la primera democracia iraní 22
- V. La guerra británica contra Nasser 28
- VI. El Islam se vuelve contra Occidente 33
- VII. Afganistán, Pakistán, el ISI y el BCCI 45
- VIII. Más información 63

LOS HERMANOS MUSULMANES: EL ARMA SECRETA DE LOS GLOBALISTAS 65

- II. Creación del "arco de crisis 85
- III. La Hermandad Musulmana Sucursales 99
- IV. Osama bin Laden: Los primeros años 111
- V. Bin Laden en el exilio 125
- VI. World Trade Center 1993 141
- VII. Los problemas económicos de Bin Laden 156
- VIII. La revolución de la Hermandad continúa 166

BIBLIOGRAFÍA 177

OTROS TÍTULOS 181

Los británicos, Oriente Próximo y el Islam radical

I. Introducción

Mientras el gobierno estadounidense, dirigido por la Administración Bush, libra su llamada "Guerra contra el Terror" con planes para invadir y derrocar Irak, el firme aliado de Estados Unidos en este empeño sigue siendo el gobierno británico de Tony Blair. El siguiente estudio echará un vistazo a la historia de la región en la que Estados Unidos se ha enredado, una región que solía estar, y hasta cierto punto sigue estando, casi totalmente controlada por Gran Bretaña. ¿Es la actual "Guerra contra el Terror" realmente una guerra para llevar la libertad a la región y promover los ideales tradicionales estadounidenses, o es un juego de poder para consolidar la hegemonía mundial estadounidense? ¿Y qué gana Gran Bretaña?

Gran Bretaña parece ser nuestro mayor aliado, pero hay que entender que los geoestrategas británicos son los maestros de la manipulación política y la subversión. Incluso cuando el imperio colonial británico físico estaba declinando en la primera mitad de este siglo ya estaban construyendo el marco para un imperio completamente global basado en el legado de Cecil Rhodes utilizando los recursos de los supercapitalistas y financieros de Nueva York y Londres. Estas élites pueden ser predominantemente de nacionalidad británica y estadounidense, pero rechazan la democracia y la Constitución estadounidense y trabajan en contra de los mejores intereses de los ciudadanos británicos, estadounidenses e internacionales. Estudiando la historia de Oriente Próximo, y la manipulación elitista de la misma, quizá podamos predecir lo que está por venir tras este último empujón final del Imperio estadounidense. (Escrito en otoño de 2002)

II. Gran Bretaña toma Oriente Medio

Como se documenta en el libro de F. William Engdahl *A Century of War - Anglo-American Oil Politics and the New World Order,* el interés de Gran Bretaña por Oriente Medio se despertó cuando sus dirigentes se dieron cuenta de que el petróleo sustituiría al carbón como fuente de energía del futuro. A principios de siglo, Gran Bretaña no tenía acceso directo al petróleo y dependía de Estados Unidos, Rusia o México para abastecerse. Rápidamente se comprendió que esta situación era inaceptable y, mediante intrigas en las que participaron el espía británico Sidney Reilly y el geólogo e ingeniero australiano William Knox d'Arcy, Gran Bretaña consiguió del monarca persa Reza Khan los derechos de perforación del petróleo persa. D'Arcy pagó 20.000 dólares en efectivo por los derechos de explotación del petróleo persa hasta 1961, con un 16% de royalties de todas las ventas para el Shah. La empresa británica con la que Reilly convenció a D'Arcy para que se aliara pasó a llamarse Anglo-Persian Oil Company, precursora de la poderosa British Petroleum (BP).

Sin embargo, incluso con el suministro de petróleo persa, Gran Bretaña estaba perdiendo la carrera por asegurarse las reservas de petróleo de Oriente Próximo frente a los alemanes. En los años anteriores a la Primera Guerra Mundial, Alemania había experimentado una asombrosa explosión económica, favorecida por su alianza con el Imperio Otomano, que le permitía acceder a sus vastas reservas. En 1889 los alemanes llegaron a un acuerdo para financiar, a través del Deutsche Bank, un ferrocarril de Constantinopla a Anatolia, y más tarde, en 1899, se firmó el acuerdo definitivo para un ferrocarril completo de Berlín a Bagdad.

Los británicos se aseguraron de que este enlace ferroviario nunca se completara mediante el uso de su aliada Serbia, que se encontraba en medio de la alianza alemana que incluía a Austro-Hungría, Bulgaria y el Imperio Otomano. Comúnmente se considera que la Primera Guerra Mundial fue desencadenada por el asesinato del archiduque austriaco Fernando a manos de asesinos serbios. Serbia desempeñó un papel clave en la Primera Guerra Mundial, pero el conflicto no fue simplemente el resultado de este acontecimiento aislado. La verdad es que la Primera Guerra Mundial fue fomentada por los británicos para poder controlar el petróleo, previsto por sus geoestrategas como el recurso emergente más importante del mundo.[1]

En 1916, en plena Primera Guerra Mundial, los británicos llegaron a un acuerdo con Francia, Italia y Rusia, conocido como el Acuerdo Sykes-Picot, que dividió el Imperio Otomano en colonias occidentales. Este acuerdo secreto creó las fronteras arbitrarias de lo que hoy son los países de Jordania, Siria, Líbano, Irak y Kuwait. Gran Bretaña controlaría el Golfo Pérsico, rico

---

[1] *A Century of War - Anglo-American Oil Politics and the New World Order*, F. William Engdahl, 1993 pp. 30-36

en petróleo, a través de Irak y Kuwait, y también recibiría Palestina y Jordania. Francia recibiría Siria y Líbano, a Italia se le prometieron partes de Anatolia y algunas islas del Mediterráneo y Rusia obtendría partes de Armenia y Kurdistán.

Durante la guerra, Gran Bretaña desvió más de 1,4 millones de soldados del frente occidental para luchar contra los otomanos en el este. Mientras los franceses perdieron 1,5 millones de muertos y sufrieron 2,6 millones de heridos en las trincheras, los británicos obtuvieron una victoria tras otra en Oriente Próximo. Una vez finalizada la guerra, los británicos siguieron manteniendo más de un millón de tropas en la zona, y en 1918 el general británico Allenby se encontró con que era el dictador militar de facto de casi todo el Oriente Próximo árabe.[2]

Mientras T.E. Lawrence dirigía la revuelta árabe contra los otomanos en nombre de los británicos había asegurado a sus aliados árabes que Gran Bretaña cumpliría sus deseos de independencia, pero después de la guerra estas promesas fueron ignoradas. Durante la guerra también se dio la famosa Declaración Balfour. Era una carta entre Lord Balfour y Lord Rothschild que prometía el respaldo oficial británico a un estado judío en Palestina. Lo cierto es que los árabes fueron engañados, traicionados y utilizados por los británicos para hacerse con el control de la región que contenía las mayores reservas de petróleo conocidas del mundo.

---

[2] Ibid pp. 50-52

En la lucha contra el Imperio Otomano, los británicos obtuvieron el apoyo de dos importantes líderes árabes. El primero era Hussein I, de la dinastía hachemita, que se remontaba directamente al profeta Mahoma. Era el gobernante de la zona del Hiyaz, que incluía La Meca y Medina, y los británicos exageraron su condición de "santo" para maximizar su apoyo popular. El segundo líder árabe prominente que los británicos acabaron incorporando al redil fue Ibn Saud, líder de la secta tribal wahabí de Arabia central. Ibn Saud utilizó la financiación británica para mejorar su posición como figura religiosa y comprar el apoyo de los beduinos.

Tras la derrota de los otomanos y la revelación de los acuerdos Sykes-Picot y Balfour, Hussein I se dio cuenta de la traición que le había derrotado y abdicó de su trono. Sus tres hijos Ali, Faisal y Abdallah probaron entonces suerte en el dominio árabe.

El príncipe Alí se apoderó del Hiyaz, pero lo perdió en 1925 en su enfrentamiento con las fuerzas de Ibn Saud, apoyado por los británicos. Los saudíes han gobernado Arabia desde entonces. El mayor error de Gran Bretaña fue perder el interés por los saudíes y los desiertos árabes, permitiendo que Standard Oil de California entrara y comprara los derechos para buscar petróleo en Arabia Saudí por 250.000 dólares en 1933.[3] Desde entonces, la familia real saudí mantiene una relación muy especial con Estados Unidos.

El príncipe Faisal, que había trabajado con T.E.

---

[3] *A Brutal Friendship - The West and the Arab Elite*, Said K. Aburish, 1997, p. 76.

Lawrence y conquistado Damasco a los otomanos, pretendió gobernar la Siria francesa en 1920, pero los franceses pusieron fin a este intento tras sólo cuatro meses. Faisal se retiró entonces a Gran Bretaña y un año más tarde se recicló cuando a él, un príncipe suní, se le concedió el territorio predominantemente chií de Irak para gobernarlo como rey. Faisal I gobernó hasta su muerte en 1933. Su hijo Ghazi gobernó Irak hasta su muerte en 1939, seguido del hijo de Ghazi, Faisal II, el último rey de Irak, asesinado en un golpe militar en 1958.

La dinastía hachemí continúa hasta nuestros días sólo a través del tercero de nuestro trío de hijos de Hussein. El príncipe Abdallah recibió la tierra de Transjordania para gobernar en 1921 y como rey mantuvo una firme postura pro-británica, a pesar de la traición mostrada a su padre. Abdallah comprendió que no tenía futuro contradiciendo a sus amos, y los británicos le utilizaron para frenar la furia de su propia población cuando se hizo patente el deseo británico de establecer un Estado judío en Israel.

El rey Abdallah fue asesinado en la mezquita de Al Aqsa en 1951, y su nieto Hussein, de dieciséis años, subió al trono. El rey Hussein gobernó hasta su muerte en 1999, y su hijo el rey Abdullah gobierna ahora el Reino Hachemita de Jordania.

El punto principal que debe entenderse a partir del registro histórico, en lo que se refiere al tema principal de este artículo, es la forma cínica en que la religión del Islam ha sido utilizada por el Imperio Británico para promover los objetivos políticos británicos. En el libro del historiador árabe Said Aburish, *A Brutal Friendship - The West and the Arab Elite,* el autor identifica tres fases distintas de la relación del islam con Occidente dentro del siglo 20.⁴

La primera fase, según Aburish, fue la inmediatamente posterior a la Primera Guerra Mundial. Los dirigentes árabes habían sido engañados y traicionados, pero seguían dependiendo de los británicos para que les permitieran cualquier tipo de gobierno sobre las masas árabes.

Ibn Saud era el líder de la secta wahabí, y los británicos reconocieron su influencia como figura religiosa y financiaron su conquista de toda Arabia.

Los hachemíes eran la fuerza árabe tradicional más fuerte, pero su espalda se quebró cuando Ibn Saud los expulsó de La Meca y Medina. En su "compasión", los británicos colocaron a Abdalá y Faisal al frente de Jordania e Irak. Estos príncipes hachemíes eran extranjeros, por no decir otra cosa, pero los británicos jugaron la carta de la religión por todo lo que valía y justificaron sus acciones ante el pueblo árabe a través del linaje hachemí que se remontaba a Mahoma. Sin duda, cualquier árabe estaría encantado de ser gobernado por un clan "sagrado" como los hachemíes.

Los británicos también utilizaron el Islam en Palestina cuando, en 1921, tramaron la elección de su elección, Haj Amin Husseini, descendiente de Mahoma, para el cargo de Gran Muftí de Jerusalén. En Palestina, casi todas las familias árabes de élite encontraron rápidamente rentable ser pro-británicas, y el Gran Muftí mantuvo también esta

---

⁴ Ibid p. 57.

postura, al menos hasta 1936, cuando el inminente establecimiento de un Israel judío le obligó a apoyar finalmente los deseos de su pueblo.[5]

En cuanto a la primera fase de la relación del islam con Occidente, Aburish escribe: "*Todos los dirigentes políticos de la época dependían del islam para legitimarse y todos los dirigentes políticos eran probritánicos. El islam era una herramienta para legitimar el gobierno, la tiranía y la corrupción de los dirigentes árabes. Para Occidente, el islam era aceptable; podía ser y era utilizado*".[6]

Esta fase de dominación elitista del pueblo árabe, utilizando el Islam como factor legitimador, no podía continuar indefinidamente. La fuerza que se alzó para contrarrestarla fue el nacionalismo árabe laico y acabó girando en torno a la persona de Gamal Abd-al Nasser, de Egipto. Este movimiento pretendía liberar a Oriente Próximo de la dominación occidental y, al mismo tiempo, se mostraba cínico ante el Islam que se había utilizado con tanto éxito para apuntalar y justificar el dominio elitista. Identificaremos la segunda fase de las relaciones islámico-occidentales que comenzó con el auge del nacionalismo árabe, pero antes debemos echar un breve vistazo histórico a Egipto.

III. Gran Bretaña y Egipto

Al comienzo de la Primera Guerra Mundial, Egipto

---

[5] Ibid p. 57 y 59.

[6] Ibid p. 57.

llevaba más de treinta años bajo control británico. Aunque los británicos utilizaron el islam para derrocar a los otomanos y apuntalar a sus Estados clientes fuera de Egipto, dentro de este país descubrieron que el islam no era un activo tan maleable, al menos mientras Gran Bretaña siguiera siendo el colonizador.

La influencia occidental sobre Egipto comenzó en 1798, cuando Napoleón invadió Egipto para amenazar las rutas comerciales de Gran Bretaña hacia la India. Fue la primera conquista importante y decisiva de una nación árabe musulmana en la historia del Islam y marcó el comienzo de un lento declive del orgullo y la influencia musulmanes. Sin embargo, el gobierno de Napoleón no duró mucho, ya que los británicos se aliaron temporalmente con los otomanos para expulsar a los franceses al cabo de pocos años.

Del caos surgió un comandante albanés del ejército otomano llamado Mohammed Ali, que ayudó a expulsar a los británicos, convirtiéndose después en gobernador de Egipto bajo autoridad otomana. Alí neutralizó la amenaza mameluca y se dedicó a modernizar Egipto. Tras la muerte de Alí, sus sucesores Abbas y Said Pasha gobernaron Egipto. Said Pasha inició el canal de Suez y su sucesor, el jedive Ismail, lo terminó en 1869. El canal fue financiado principalmente por inversores franceses, pero para entonces Francia estaba firmemente controlada por Gran Bretaña. A partir de entonces, la influencia británica en Egipto fue poco a poco haciéndose cada vez más fuerte, y en un principio no lo hizo militarmente sino *económicamente.* Se adoptó la ideología británica del "libre comercio" y la manufactura y la industria egipcias se resintieron. Egipto pronto se encontró profundamente endeudado.

En 1879, Ismail se vio obligado a abandonar el poder y fue sucedido por su hijo Tewfiq Pasha, que finalmente se rindió y cedió el control total de la economía egipcia a los británicos. En 1882, las tropas británicas desembarcaron y completaron la toma de Egipto. Ocuparon Egipto hasta 1956, cuando fueron expulsadas por el Presidente Nasser.

Al comienzo de la Primera Guerra Mundial, el jedive Abbas percibió la oportunidad de librarse de los británicos e instó al apoyo popular a los otomanos. Los británicos lo depusieron rápidamente y colocaron en el poder a su tío Hussein Kamil. Una vez finalizada la guerra, las fuerzas nacionalistas egipcias emprendieron una campaña continua contra los ocupantes británicos en pro de la independencia, e incluso presionaron para que se reconociera internacionalmente su independencia en París, pero sus deseos se vieron frustrados cuando Estados Unidos se puso del lado de Gran Bretaña.

En 1922 los británicos derogaron el "estatuto de protectorado" sobre Egipto, pero mantuvieron la responsabilidad de la "defensa" de Egipto y de la protección de los extranjeros dentro de Egipto. Se dijo que Egipto había logrado la "independencia" y el rey Fouad I, descendiente de Mohammed Ali, asumió el poder, aunque continuó la ocupación británica.

En 1928, Hasan al-Banna, maestro de escuela egipcio, fundó la Hermandad Musulmana. La Hermandad era una sociedad religiosa secreta conocida públicamente por su énfasis en la educación islámica y por sus actividades caritativas. Antes de la Segunda Guerra Mundial, la inteligencia británica cultivó lazos con la Hermandad a través de la agente Freya Stark, aventurera y escritora británica.[7] Estas conexiones encubiertas se utilizaron para seguir la pista de la creciente presencia alemana en el norte de África y para mantenerse informados de los numerosos movimientos políticos que estaban surgiendo.

La Hermandad Musulmana se extendió por todo el mundo musulmán y ha evolucionado hasta convertirse en algo así como el equivalente musulmán de la hermandad masónica occidental. Se convirtió en una de las primeras organizaciones terroristas fundamentalistas islámicas y aparecerá a menudo en este estudio.

En los años anteriores a la Segunda Guerra Mundial, las intrigas egipcias giraban en torno a tres bandos principales: los británicos, que hacían todo lo posible por mantener el control sobre su colonia y el canal de Suez; los realistas, aliados del rey Fouad y, después de 1935, de su hijo, el rey Faruk; y el partido nacionalista Wafd, apoyado por el pueblo a través del parlamento egipcio que habían creado los británicos.

Cuando estalló la Segunda Guerra Mundial, el partido Wafd, al menos públicamente, apoyó a los aliados porque se les hizo creer que la independencia completa seguiría inmediatamente a la guerra. El rey Faruk, sin embargo, era más reservado en su apoyo a los aliados y en privado mantenía profundas simpatías por el eje, mientras que muchos miembros de base de los Hermanos Musulmanes eran conocidos por favorecer también a Alemania. Sin embargo, Alemania no estaba destinada a

---

[7] *MI6 - Inside the Covert World of Her Majesty's Secret Intelligence Service*, Stephen Dorril, 2000 p. 622.

liberar a Egipto de los británicos, y el ejército norteafricano del Eje fue derrotado en la batalla de El Alamein en octubre de 1942 y expulsado gradualmente de África.

Tras la guerra, tanto los Hermanos Musulmanes como el partido populista Wafd se movilizaron contra la monarquía represiva del rey Faruk y contra los británicos, que retrasaron su retirada del territorio egipcio. En 1949, Hasan al-Banna fue asesinado por el gobierno egipcio, lo que enfureció aún más a los fundamentalistas. En 1952, el partido Wafd obtuvo una gran victoria en las elecciones parlamentarias y, a raíz de ello, el primer ministro Nahas Pasha revocó el acuerdo de 1936 entre Faruk y los británicos, que permitía el control británico del canal de Suez. Faruk destituyó inmediatamente a Nahas Pasha y se produjeron violentos disturbios antibritánicos generalizados. Una camarilla secreta de oficiales de alto rango del ejército egipcio, que se hacían llamar los Oficiales Libres, aprovechó esta oportunidad y dio un golpe de estado, tomando el control del país y echando al rey Faruk.

Los Oficiales Libres estaban dirigidos por el general Muhammad Naguib e incluían a Gamal Abd-al Nasser y Anwar al-Sadat. Naguib fue destituido y Nasser se hizo con el poder en 1954. Rápidamente prohibió el Partido Wafd y la Hermandad Musulmana y empezó a gobernar como un firme dictador.

Nasser actuó con rapidez y audacia para modernizar e industrializar Egipto y afirmar la independencia de su nación. Recurrió a Estados Unidos y al Banco Mundial para que le ayudaran a financiar la construcción de la presa de Asuán, pero se lo negaron y se vio obligado a recurrir a los soviéticos. También intentó mejorar su ejército y le ofrecieron armamento occidental, pero con la condición de que comprometiera a su país con las alianzas militares regionales controladas por los británicos. Nasser declinó la oferta y firmó un acuerdo armamentístico con Checoslovaquia en 1955.

El 26 de julio de 1956 Nasser desalojó a los británicos de la zona del Canal de Suez, devolviéndola al control total egipcio por primera vez desde 1882. Tres meses después comenzó la Guerra de Suez. Israel tomó Gaza en cinco días y las tropas británicas y francesas la zona del Canal. Las Naciones Unidas condenaron la acción y el 6 de noviembre se acordó un alto el fuego. El Canal fue devuelto a Egipto.

Tras esta guerra, Nasser se convirtió en un héroe para el pueblo árabe y surgieron movimientos nacionalistas laicos en todo Oriente Próximo. Egipto se fusionó con Siria formando la República Árabe Unida en 1958, y luego Yemen (del Norte) también se federó con ellos. Este movimiento panárabe era amado por las masas árabes, pero temido por sus dirigentes. Aburish escribe,

"En la década de 1950 y posteriormente, Occidente se opuso al movimiento nacionalista árabe laico por dos razones: desafiaba su hegemonía regional y amenazaba la supervivencia de sus líderes y países clientes. En concreto, nada impedía que un movimiento laico cooperara con la URSS; de hecho, la mayoría de ellos eran ligeramente socialistas. Además, la mayoría de los movimientos laicos defendían diversos esquemas de unidad árabe, una unión o una política unificada, que amenazaban y socavaban los regímenes tradicionales prooccidentales de Arabia Saudí, Jordania y otros

Estados clientes.

Occidente lo vio como un reto que había que superar".[8]

Esto nos lleva a la segunda fase de las relaciones entre Occidente y el Islam, tal y como la define Aburish. Se trata de un periodo durante el cual Occidente utilizó el fundamentalismo islámico como herramienta para desestabilizar o derrocar a los regímenes que se negaban a dejarse dominar por Occidente.

IV. El derrocamiento de la primera democracia iraní

Desde el principio, la Agencia Central de Inteligencia de Estados Unidos ha mantenido una relación muy estrecha con la inteligencia británica y así lo demuestran los detalles del golpe de Estado de Mossadegh en Irán en 1953, que marcó el inicio de la segunda fase.

Mohammad Mossadegh fue durante toda su vida un líder del movimiento nacionalista iraní contra el imperialismo del Imperio Británico. Nacido en el seno de la clase dirigente iraní, fue elegido diputado en 1906, pero rechazó el cargo porque, legalmente, era demasiado joven (no había cumplido los 30). Se formó en Francia y Suiza y se doctoró en Derecho en 1913. Regresó a Irán y fue profesor universitario, Viceministro de Finanzas y Ministro de Justicia antes del golpe de 1921, apoyado por

---

[8] *A Brutal Friendship - The West and the Arab Elite*, Said K. Aburish, 1997 p. 60.

los británicos, que devolvió el poder al sha Reza Khan.

En los años siguientes, Mossadegh sirvió al pueblo iraní en diversos cargos, y finalmente fue apartado por la fuerza de la función pública hacia el final del reinado de Reza Khan debido a sus críticas al régimen corrupto. En 1941, el gobierno volvió a cambiar y Reza Khan se vio obligado a huir a Sudáfrica, donde vivió hasta su muerte. Mossadegh pudo entonces regresar a Teherán, donde participó activamente en el Parlamento, enfrentándose al hijo de Reza Khan, Mohammad Reza Shah.

Tras luchar contra numerosas injerencias y fraudes, Mossadegh fue elegido Primer Ministro de Irán por el Parlamento iraní en 1951. El 1 de mayo, en una de sus primeras medidas como Primer Ministro, Mossadegh nacionalizó el petróleo iraní, arrebatándoselo a la Anglo-Persian Oil Company, de propiedad británica. Los británicos habían comprado el control del petróleo iraní durante 60 años, a través de William Knox d'Arcy, a Reza Khan en 1901. En 1933 volvieron a comprar al Shah otro contrato de arrendamiento de 60 años. Tras hacerse con el control del petróleo iraní, Mossadegh se vio obligado a hacer campaña en la ONU y en La Haya para contrarrestar una demanda británica argumentando que los contratos celebrados con gobiernos anteriores no eran válidos. Mossadegh tuvo éxito y la comunidad internacional declaró que Irán tenía todo el derecho a hacerse con el control de su propio petróleo.

La nacionalización de Mossadegh no se hizo sin tener en cuenta los intereses británicos. Su gobierno prometió pagar el 25% de los beneficios del petróleo a los británicos como compensación y garantizó la seguridad de los puestos de trabajo británicos. Sin embargo, los británicos se negaron a negociar y respondieron con una demostración de fuerza naval, seguida de bloqueos económicos, boicots y la congelación de los activos iraníes.[9]

Durante los años anteriores, el sentimiento antibritánico generalizado había provocado una gran disminución de la capacidad de inteligencia de los británicos en Irán, por lo que, para enfrentarse eficazmente a Mossadegh, los británicos recurrieron a sus amigos de la CIA estadounidense. El escritor Stephen Dorril documenta este asunto en su libro *MI6: Inside the Covert World of Her Majesty's Secret Intelligence Service*. Escribe:

"A pesar de la propaganda británica, el gobierno de Mossadeq era en general democrático, moderado y parecía tener posibilidades de éxito en el establecimiento de un control de la clase media sobre el Estado. La administración Truman lo consideraba oficialmente popular, nacionalista y anticomunista".[10]

Para cambiar la posición estadounidense respecto a Mossadegh, los estrategas británicos aprovecharon la paranoia comunista de Estados Unidos e intentaron presentar el régimen de Mossadegh como débil y como una posible vía para la manipulación soviética. Casi al final de la administración Truman, el jefe del Departamento de Oriente Próximo de la CIA, Kermit

---

[9] *Killing Hope - U.S. Military and CIA Interventions Since World War II*, William Blum, 1995 p. 65.

[10] *MI6 - Inside the Covert World of Her Majesty's Secret Intelligence Service*, Stephen Dorril, 2000 p. 575.

Roosevelt, se reunió con John Sinclair y otros representantes del MI-6, donde *"le propusieron derrocar conjuntamente a Mossadeq"*.[11] Después de que Eisenhower asumiera la presidencia en enero de 1953, la CIA tuvo libertad para actuar, y la participación estadounidense se confirmó cuando los británicos prometieron permitir a las compañías petroleras estadounidenses una participación del 40% en el petróleo iraní a cambio de derrocar a Mossadegh y readquirir las reservas de petróleo iraníes.[12]

Los británicos y los estadounidenses se decidieron finalmente por el hijo prácticamente impotente de Reza Khan, Mohammad Reza Shah, para que fuera el nuevo gobernante de Irán. Al principio, el joven Sha rechazó las ofertas que le hicieron los conspiradores, incluso después de las visitas del coronel estadounidense H. Norman Schwarzkopf el 1 de agosto de 1953 y de una reunión posterior con Kermit Roosevelt. Dorril escribe que, *"El Sha finalmente accedió a apoyar el plan sólo 'después de que la participación oficial estadounidense y británica hubiera sido confirmada a través de una emisión especial de radio'"*. Se utilizó la BBC Persia para transmitir un mensaje codificado preestablecido a través de las ondas para los oídos del Sha con el fin de satisfacer sus dudas.[13]

Para preparar el golpe, los estadounidenses financiaron al ayatolá Bihbani y los británicos dieron 100.000

---

[11] Ibid p. 580.

[12] Ibid p. 583.

[13] Ibid p. 589.

dólares a un grupo dirigido por el ayatolá Qanatabadi para que provocara disturbios contra Mossadegh. El ayatolá Kashani recibió 10.000 dólares de la CIA y sus seguidores participaron en las manifestaciones del centro de Teherán. Otro grupo de agitadores fundamentalistas estaba dirigido por Tayyeb Hsaj-Reza'i, una figura que más tarde se convirtió en partidario del ayatolá Jomeini.[14]

A mediados de agosto de 1953, el gobierno de Mossadegh se vio acosado por multitud de complots y manifestaciones financiados por la CIA y Gran Bretaña. El 15 de agosto, el ministro de Asuntos Exteriores de Mossadegh fue secuestrado en un intento de intimidar al gobierno. El 16 de agosto el sha emitió una declaración destituyendo a Mossadegh como Primer Ministro y al mismo tiempo se distribuyó material propagandístico que afirmaba falsamente que los mulás religiosos iban a ser ahorcados por miembros del partido comunista Tudeh.[15] Los días 17 y 18 de agosto, turbas formadas por fanáticos religiosos y partidarios del sha convergieron en Teherán sembrando el caos y el terror. El 19 de agosto, en connivencia con el jefe de policía, las turbas lograron llegar a la residencia del Primer Ministro y, tras una encarnizada batalla, Mossadegh fue obligado a abandonar el poder. Varios días después el Sha regresó de Italia y así comenzó su régimen dictatorial de 25 años. La historia de la caída del sha veinticinco años más tarde, a manos de los mismos fanáticos fundamentalistas que le ayudaron a acceder al trono en primer lugar, implica también a los británicos, lo que averiguaremos

---

[14] Ibid pp. 592-593.

[15] Ibid p. 592.

enseguida. El islam radical fue, en efecto, una herramienta útil para los británicos, y su manipulación no había hecho más que empezar.

V. La guerra británica contra Nasser

En sus relaciones con Nasser, los británicos utilizaron todos los medios necesarios, incluidos el espionaje, la diplomacia, el soborno e incluso el poder militar directo, para mantener el control sobre Egipto y el Canal de Suez. La recién fundada CIA también se interesó por Egipto cuando Nasser dio muestras de inclinarse hacia la Unión Soviética. Aburish explica cómo evolucionó esta nueva vía de intriga,

"Según el agente de la CIA Miles Copeland, los estadounidenses empezaron a buscar un Billy Graham musulmán hacia 1955... Cuando encontrar o crear un Billy Graham musulmán se reveló esquivo, la CIA empezó a cooperar con los Hermanos Musulmanes, la organización musulmana de masas fundada en Egipto pero con seguidores en todo el Oriente Medio árabe.... Esto marcó el comienzo de una alianza entre los regímenes tradicionales y los movimientos islámicos de masas contra Nasser y otras fuerzas seculares."[16]

La CIA seguía el ejemplo de la Inteligencia británica y trataba de utilizar el Islam para promover sus objetivos. Querían encontrar un líder religioso carismático que pudieran promover y controlar y empezaron a cooperar con grupos como los Hermanos Musulmanes. Con el ascenso de Nasser, los regímenes árabes prooccidentales de Arabia Saudí y Jordania cortejaron más seriamente a la Hermandad. Necesitaban todo el apoyo popular que

---

[16] *A Brutal Friendship - The West and the Arab Elite*, Said K. Aburish, 1997 p. 60-61.

pudieran reunir contra el auge del nacionalismo árabe inspirado por Nasser para mantener intactos sus regímenes.

La Hermandad Musulmana era un aliado obvio contra Nasser, porque éste la había abolido de Egipto después de que participara en un atentado fallido contra su vida en 1954. La Hermandad rechazaba la política de Nasser que, en su mayor parte, mantenía la religión al margen de la política. Oficialmente, la Hermandad era una organización proscrita, pero siguió siendo influyente y activa en Egipto, trabajando contra el régimen laico, a menudo de la mano de la Inteligencia británica. En junio de 1955 el MI6 ya se estaba acercando a la Hermandad en Siria para agitar contra el nuevo gobierno que mostraba fuertes tendencias izquierdistas y un deseo de fusionarse con Egipto.[17] La Hermandad se convirtió en un activo aún más importante después de que Nasser anunciara la toma egipcia de Suez. El autor Stephen Dorril documenta cómo se vio este movimiento desde Gran Bretaña,

"El 26 de julio, en Alejandría, en un discurso tranquilo, pero que Londres calificó de histórico, Nasser hizo su anuncio de nacionalización, que desde un punto de vista estrictamente legal no era más 'que una decisión de comprar a los accionistas'. Esa noche, en Downing Street, [el primer ministro británico] *Eden no ocultó a sus invitados su amargura por la decisión... Eden convocó un consejo de guerra, que se prolongó hasta las 4 de la madrugada. Un emocionado Primer Ministro dijo*

---

[17] *MI6 - Inside the Covert World of Her Majesty's Secret Intelligence Service,* Stephen Dorril, 2000 p. 622.

a sus colegas que no se podía permitir que Nasser, en palabras de Eden, 'nos pusiera la mano en la tráquea'. El "Mussolini musulmán" debe ser "destruido". Eden añadió: 'Quiero que sea destituido y me importa un bledo que haya anarquía y caos en Egipto'". [18]

El ex Primer Ministro Churchill había avivado el fuego de Eden aconsejándole sobre los egipcios, diciéndole: *"Diles que si tenemos más de su descaro les echaremos encima a los judíos y los arrojaremos a la cuneta, de la que nunca deberían haber salido".* [19]

Sir Anthony Nutting, miembro del Foreign Office en aquella época, recuerda una airada llamada telefónica de Eden, molesto por la lentitud de la campaña contra Nasser. Eden se enfureció: *"¿Qué son todas estas tonterías que me has enviado? ¿Qué es toda esta tontería de aislar a Nasser o "neutralizarlo", como tú lo llamas? Lo quiero destruido, ¿no lo entiendes? Lo quiero asesinado..."* [20]

Para preparar el camino para el golpe deseado, el Departamento de Investigación de Información británico (IRD) fue llamado a la acción. Intensificaron sus esfuerzos para controlar las emisiones de radio en Egipto y colocaron noticias falsas en la BBC, el London Press Service y la Arab News Agency. Se crearon documentos falsos que sugerían que Nasser planeaba apoderarse de

---

[18] Ibid p. 623.

[19] *Descenso a Suez - Diarios del Ministerio de Asuntos Exteriores 1951-1956*, Sir Evelyn Shuckburgh, 1986 solapa interior.

[20] Dorril, p. 613.

todo el comercio de petróleo de Oriente Próximo y se difundió un informe falso que afirmaba que los disidentes egipcios estaban siendo enviados a un campo de concentración dirigido por ex nazis.[21]

Sin embargo, los británicos tuvieron un problema a la hora de decidir quién se haría cargo de Egipto tras la destitución de Nasser. El MI-6 mantuvo reuniones con miembros del antiguo partido Wafd y aliados del ex primer ministro Nahas Pasha. El líder original de los Oficiales Libres, el general Neguib, que había sido destituido y puesto bajo arresto domiciliario por Nasser, era visto como un posible presidente, y algunos círculos británicos abogaban incluso por que el príncipe Abdul Monheim, el miembro de la realeza egipcia más "presentable", fuera nombrado rey.[22]

Según Dorril, el recluta más importante del complot británico para derrocar a Nasser fue un oficial de la Inteligencia egipcia, Isameddine Mahmoud Khalil, al que mantuvieron como contacto suministrándole información sobre el enemigo más acuciante de Egipto: Israel. Dorril ofrece las declaraciones de un jefe del Mossad sobre esta situación que dijo: *"Perjudicar la seguridad de Israel entregando información secreta sobre ella no parecía inquietar la conciencia de los británicos."* Este era un momento muy complicado para los británicos, porque en ese momento estaban trabajando *con* Israel para coordinar un ataque militar

---

[21] Dorril, pp. 624-625.

[22] Dorril, p. 629.

contra Egipto que finalmente tuvo lugar en octubre.[23]

Evidentemente, la falta de un candidato claro para sustituir a Nasser no detuvo a los golpistas. Dorril concluye que "*el MI6 no creía, sin embargo, que fuera absolutamente necesario contar con una alternativa. El Servicio confiaba en que una vez derrocado Nasser surgirían candidatos adecuados*".[24]

A finales de agosto, Nasser actuó contra la creciente amenaza de la Inteligencia británica. Las oficinas de la Agencia Árabe de Noticias fueron allanadas y varios empleados fueron detenidos y confesaron ser agentes británicos. Dos diplomáticos británicos fueron expulsados, uno de ellos, J. B. Flux, había "*estado en contacto con 'estudiantes de inclinación religiosa' con la idea de 'alentar disturbios fundamentalistas que pudieran servir de excusa para una intervención militar para proteger vidas europeas'*". Otros "hombres de negocios" y "diplomáticos" británicos también fueron detenidos o expulsados, y debido a la eficaz ofensiva de Nasser, Dorril escribe que inmediatamente antes de la guerra de Suez la Inteligencia británica se encontró "*sin activos en el país*", y que "*el MI6 tuvo que utilizar agentes externos para sus planes de asesinato.*"[25]

Al final, toda esta subversión y agitación británicas fracasaron, incluso después de que decidieran el enfrentamiento militar directo que se produjo en la

---

[23] Dorril, p. 629-630.

[24] Dorril, p. 630.

[25] Dorril, p. 632-633.

Guerra de Suez de octubre de 1956. El apoyo popular egipcio a Nasser fue demasiado, y la comunidad internacional se puso también de parte de Nasser contra los británicos, obligando a devolver el Canal de Suez a Egipto. Nasser emergió al frente de un Egipto finalmente libre del control británico.

Desde entonces, Gran Bretaña ha librado continuamente una guerra encubierta de bajo nivel contra los gobiernos egipcios: contra Nasser hasta su muerte, contra Sadat, que tomó el relevo, e incluso contra Mubarak después de él, hasta el día de hoy. El gobierno laico egipcio ha sido tradicionalmente uno de los enemigos más duros del terrorismo islámico, mientras que el principal patrocinador de los grupos terroristas egipcios ha sido Gran Bretaña. Esta última afirmación va totalmente en contra de las ideas preconcebidas de la mayoría de los ciudadanos británicos y estadounidenses, pero en las páginas que siguen ofreceremos pruebas que la respaldan.

VI. El Islam se vuelve contra Occidente

Como hemos relatado, en su libro *A Brutal Friendship*, Said Aburish definió tres fases de las relaciones occidentales-islámicas. La primera fue el período durante el cual Gran Bretaña utilizó el Islam para ayudar a legitimar a los dictadores títeres que habían instalado sobre sus colonias árabes después de la Primera Guerra Mundial. La segunda fase fue un período durante el cual Gran Bretaña (y Estados Unidos) utilizaron el Islam militante como una fuerza para ayudar a derrocar gobiernos como los de Mossadegh y Nasser que intentaban luchar contra la dominación occidental. Aburish escribe,

"La lucha entre Nasser y los Hermanos Musulmanes y sus vástagos y los partidarios occidentales y de los regímenes árabes tradicionales continuó hasta la guerra de 1967. El apoyo occidental al Islam se prestó abiertamente y fue aceptado por los dirigentes de los movimientos islámicos sin reservas."[26]

Aburish señala que el Islam tenía una buena imagen en Occidente hasta ese momento. El movimiento islámico destacaba sobre todo por su perspectiva anticomunista y apenas se preveía que el islam conservador pudiera volverse contra Occidente. A continuación, Aburish comienza a describir la tercera fase,

"La tercera fase en el desarrollo de los movimientos islámicos se produjo tras la guerra de 1967. La derrota de Nasser fue una derrota para la fuerza que representaba, el secularismo, y con Nasser disminuido, los movimientos islámicos pasaron a asumir el liderazgo político de las masas del Oriente Medio árabe."[27]

Después de 1967, el poder de los movimientos islámicos aumentó enormemente. La teología islámica superó al secularismo y surgió una forma más potente de nacionalismo árabe. La Guerra de los Seis Días vio cómo Occidente se mantenía al margen mientras Israel derrotaba a sus vecinos árabes, capturando el Sinaí, Cisjordania y los Altos del Golán. Entonces quedó claro para la mayoría de los musulmanes que Occidente favorecía a Israel frente a los árabes y aumentó el

---

[26] Aburish, p. 61.

[27] Aburish, pp. 61-62.

resentimiento hacia Occidente. Esta tercera fase de las relaciones islámico-occidentales comenzó cuando facciones de este movimiento islámico fundamentalista predominantemente antioccidental empezaron a ejercer su nueva influencia política en zonas del mundo musulmán.

Tras la muerte de Nasser en 1970 y su sustitución por Anwar al-Sadat, el nuevo presidente egipcio intentó apaciguar la amenaza del islamismo militante liberando a todos los miembros encarcelados de los Hermanos Musulmanes, a pesar de que la Hermandad había participado en al menos cuatro atentados contra la vida de Nasser durante los dieciséis años anteriores. Sadat unió entonces sus fuerzas a las del rey Faisal de Arabia Saudí y se convirtieron en patrocinadores y promotores de la Universidad Islámica de Al Azhar, así como de movimientos islámicos como Al Dawa e I'tisam. Estos líderes se dieron cuenta de que lo mejor era al menos aparentar que apoyaban el auge de los movimientos islámicos.[28]

El 6 de octubre de 1973 Egipto y Siria lanzaron un ataque sorpresa contra el ejército israelí en el Sinaí y los Altos del Golán. El 16 de octubre la OPEP subió el precio del petróleo la friolera de un 70%, y al día siguiente los dirigentes árabes de la OPEP anunciaron que aplicarían un embargo progresivo contra Europa y Estados Unidos hasta que Israel se viera obligado a retirarse a sus fronteras anteriores a 1967.

El libro de Engdahl, *A Century of War*, relata cómo el

---

[28] Aburish, p. 62.

Consejero de Seguridad Nacional de Estados Unidos, Henry Kissinger, consiguió convencer a Alemania de que *no se* declarara neutral respecto a la guerra de octubre, mientras que a Gran Bretaña "se le permitió *declarar claramente su neutralidad"*. Gran Bretaña se mantuvo neutral durante todo el episodio y fue uno de los pocos países occidentales no sometidos al embargo petrolero árabe.[29]

La guerra del Yom Kippur terminó el 26 de octubre, pero sus efectos fueron tales que los regímenes árabes salieron mucho mejor parados en varios aspectos. En primer lugar, por fin habían sido eficaces militarmente contra Israel y habían recuperado algo de territorio. En segundo lugar, sus regímenes recibieron un gran apoyo popular y la voz de los militantes islámicos se acalló temporalmente.

Por último, las naciones árabes se convirtieron de repente en las beneficiarias de un enorme aumento de los ingresos del petróleo, que pasaron de 3,01 dólares el barril a principios del 73, a 11,65 dólares el barril a principios del 74.[30]

Engdahl relata que la subida de los precios del petróleo era algo que había sido planeado previamente por el establishment angloamericano y mencionado en la conferencia de Bilderberg en mayo de 1973 en Saltsjoebaden, Suecia. Kissinger fue el hombre clave en la ingeniería del conflicto árabe-israelí que creó la excusa

---

[29] *A Century of War,* Engdahl p. 151.

[30] Ibid pp. 151-152.

para la subida del precio del petróleo que ayudó a rescatar los proyectos petrolíferos británicos en el Mar del Norte que previamente habían sido vistos como inversiones arriesgadas. El efecto más catastrófico, sin embargo, fue que la subida de los precios de la energía frenó rápidamente la industrialización del Tercer Mundo, obligando a muchos países a pedir prestado una gran cantidad de dinero a lo largo de los años para pagar la energía, preparando así el escenario para el endeudamiento a largo plazo del Tercer Mundo con los bancos angloamericanos.[31] Después de la guerra, el establishment concedió a Kissinger el Premio Nobel de la Paz y, más tarde, en 1995, recibió de manos de la reina Isabel el título de caballero honorario por su dedicación de por vida al servicio de la Corona.

De repente, los regímenes árabes se enriquecieron enormemente gracias a la subida de los precios del petróleo, pero la amenaza de los movimientos islámicos persistía. El rey Faisal de Arabia Saudí fingió apoyar el Islam, pero a menudo se vio obligado a reprimir a los líderes y organizaciones religiosas que parecían criticar constantemente la avaricia, el lujo y la corrupción manifiestos de la familia real. Faisal fue asesinado en 1975 por su sobrino el príncipe Faisali bni Musad, en represalia por la ejecución por Faisal del hermano zelote musulmán de Musad, que había atacado una cadena de televisión por considerar que atentaba contra el Islam.[32]

En Egipto, el régimen de Sadat se vio sometido a una

---

[31] Ibid pp. 150-156.

[32] Aburish, p. 62.

presión extrema por parte de los movimientos islámicos tras la firma de los Acuerdos de Camp David con Israel en 1978. Esto condujo al asesinato de Sadat por miembros de la Yihad Islámica, una rama de los Hermanos Musulmanes, el 6 de octubre de 1981.

En Siria, en 1982, se produjo un gran conflicto entre la Hermandad Musulmana y el gobierno sirio en la ciudad de Hamma que causó 20.000 víctimas. Tras el conflicto, el presidente sirio Asad reveló que las fuerzas de los Hermanos Musulmanes estaban armadas con material estadounidense. Aburish comenta cómo ninguno de estos acontecimientos pareció cambiar la forma en que se utilizaba el Islam militante,

"Hamma, el asesinato de Sadat y Faisal y otros actos menos portentosos no interrumpieron el apoyo de los regímenes clientes occidentales y árabes a los movimientos islámicos, y Arabia Saudí y Egipto permitieron el uso proislámico de su aparato de propaganda estatal... E Israel, siempre inclinado a respaldar movimientos divisivos, apareció como otro partidario del Islam y comenzó a financiar a los Hermanos Musulmanes y al movimiento islámico palestino Hamás."[33]

El éxito más notable del movimiento islámico durante esta época fue, por supuesto, el derrocamiento del sha de Irán y la instalación del ayatolá Jomeini como dictador islámico. Los servicios de inteligencia británicos habían utilizado sus contactos con los *mulás* y *ayatolás iraníes*

---

[33] Aburish, p. 62.

para ayudar a derrocar a Mossadegh e instalar al sha en 1953, y estos contactos se mantuvieron y se utilizaron de nuevo para derrocar al sha cuando su régimen cayó en desgracia.

La historia del establishment sobre la Revolución Islámica de Irán es que la revuelta de Jomeini fue espontánea y populista, y que derrocó a una dictadura represiva odiada por el pueblo pero apoyada incondicionalmente por Estados Unidos. Es cierto que el gobierno del Sha no era una democracia y que su servicio secreto, entrenado por la CIA, era una de las organizaciones de inteligencia más eficaces del mundo. Pero lo que no se dice es que antes de la masiva campaña de relaciones públicas patrocinada por los británicos en favor del ayatolá, el gobierno del sha era amado por la inmensa mayoría de la población.

Tras tomar el relevo de Mossadegh, el sha empezó a impulsar una serie de políticas nacionalistas que aumentaron su popularidad en su país pero que, en algunos casos, preocuparon al establishment angloamericano. En primer lugar, firmó acuerdos petrolíferos con ENI, la compañía petrolera italiana. Luego, en 1963, impulsó una serie de reformas populares que se conocieron como la Revolución Blanca. El Sha se convirtió en un nacionalista cuya trayectoria era demasiado paralela a la de Nasser para el gusto del establishment:

- Compró tierras a las clases altas y, junto con las propias tierras de la corona, las vendió a bajo precio a los campesinos arrendatarios, permitiendo que más de un millón y medio de personas se convirtieran en propietarios de tierras y acabando con el antiguo sistema feudal.

- Permitió el derecho de voto a las mujeres y puso fin al uso del velo, medidas "occidentalizadoras" mal recibidas por el sector religioso.
- Impulsó un programa de energía nuclear de 90.000 millones de dólares.
- Se movilizó para acabar con la lucrativa industria del opio que se había creado durante los días de control del Imperio Británico y que llevaba funcionando cien años.[34]

En 1973, la revista *The Economist* sacó a Irán en portada con el siguiente titular: *"Irán, ¿el próximo Japón de Oriente Medio?"*. La economía iraní había crecido a un ritmo del 7-8% anual entre 1965 y 1973 y se estaba convirtiendo en un ejemplo a seguir para las naciones en desarrollo del mundo. Para el establishment angloamericano esto no podía continuar así. Los objetivos del establishment se centraban en la despoblación y la desindustrialización mundiales, tal como habían formulado responsables políticos como Lord Bertrand Russell y como defendían lacayos del establishment como Kissinger, Zibigniew Brzezinski y Robert McNamara (el jefe del Banco Mundial), así como las élites británicas que controlaban el Fondo Mundial para la Naturaleza y otros grupos de fachada ecologistas. Había que acabar con Irán.[35]

---

[34] *La jerarquía de los conspiradores: El Comité de los 300*, Dr. John Coleman, Omnia Veritas Ltd, www.omnia-veritas.com.

[35] *Lo que dicen los maltusianos*, los planes del establishment para frenar el desarrollo del Tercer Mundo y acabar con los inútiles.

El ataque contra el gobierno del Sha se produjo a través de los Hermanos Musulmanes y de los mulás y ayatolás de Irán, apoyados y manipulados por la Inteligencia británica. El Dr. John Coleman, ex agente de la Inteligencia británica y autor de varios libros y monografías que detallan el plan del establishment para un gobierno socialista mundial, afirma en su informe sobre la Revolución Islámica de Irán[36] que los Hermanos Musulmanes fueron creados por "*los grandes nombres de la inteligencia británica de Oriente Medio, T.E. Lawrence, E.G. Browne, Arnold Toynbee. John Philby y Bertrand Russell*", y que su misión era "*mantener atrasado a Oriente Medio para que su recurso natural, el petróleo, pudiera seguir siendo saqueado...*".

El Dr. Coleman escribe que en 1980 las emisiones de Radio Irán Libre dividían a los enemigos del Sha en cuatro categorías:

    1. Políticos iraníes comprados por el Shin Bet israelí,

    2. La red de agentes de la CIA,

    3. Los terratenientes feudales,

    4. 4. Los masones y los Hermanos Musulmanes (considerados el mismo enemigo).

En su informe, el Dr. Coleman escribe que en Irán "hubo un tiempo en que *incluso se bromeaba diciendo que los*

---

[36] *Lo que realmente ocurrió en Irán*, Dr. John Coleman.

mulás llevaban el sello 'made in Britain'". Cuando el sha presentó su plan de modernización en 1963, el ayatolá Jomeini se erigió en líder de la oposición religiosa. Hasta su exilio de Irán en 1964, Jomeini tenía su base en la ciudad religiosa de Qom. El Dr. Coleman relata que Radio Free Iran afirmó que mientras estuvo en Qom Jomeini recibió un *"estipendio mensual de los británicos, y está en contacto constante con sus amos, los británicos"*.

Jomeini fue expulsado de Irán y se instaló en Irak. Allí vivió varios años hasta que fue detenido por el gobierno iraquí y deportado en 1978. Entonces se presionó al presidente francés D'Estaing para que ofreciera a Jomeini refugio en Francia para continuar sus "estudios islámicos". Durante su estancia en Francia se convirtió en una celebridad occidental y en el símbolo de la revolución islámica contra el sha. Coleman escribe: *"Una vez instalado Jomeini en Neauphle-le-Château, empezó a recibir un flujo constante de visitantes, muchos de ellos de la BBC, la CIA y la inteligencia británica"*.

Al mismo tiempo, Amnistía Internacional proseguía su intensa campaña contra el gobierno del sha, acusándolo de torturas y otras terribles violaciones de los derechos humanos. La prensa internacional se hizo eco de este tema y lo difundió por todo el mundo.

La BBC se convirtió entonces en el principal promotor del ayatolá. El Dr. Coleman escribe: *"Fue la BBC la que preparó y distribuyó a los mulás de Irán todas las cintas de casete con los discursos de Jomeini, que enardecieron a los campesinos. Después, la BBC empezó a transmitir a todos los rincones del mundo relatos de torturas practicadas por la SAVAK del sha... En septiembre y* *octubre de 1978, la BBC empezó a retransmitir directamente a Irán, en farsi, los incendiarios desvaríos de Jomeini. **El Washington Post** dijo: 'la BBC es el enemigo público número uno de Irán'".*

El servicio persa de la BBC llegó a ser apodado en Irán la "BBC del ayatolá" por su cobertura ininterrumpida de todo lo que Jomeini quería decir.[37] Pronto, un amplio sector de la población iraní, en su mayoría jóvenes estudiantes impresionables, se convenció de que el sha era realmente malvado y de que la única forma de salvar al país era volver al islam *chií* puro bajo el liderazgo del ayatolá. La administración Carter, manipulada por el lacayo británico Zbigniew Brzezinski, colaboró entonces con los británicos para derrocar al sha e instalar a Jomeini.

El Dr. Coleman relata que Carter nombró al trilateralista George Ball para dirigir una comisión sobre la política estadounidense en el Golfo Pérsico. La recomendación de Ball fue que Estados Unidos retirara su apoyo al régimen del sha. El Dr. Coleman cita las propias memorias del Sha para confirmar la postura estadounidense, la realidad que es contraria a la línea del Establishment comercializada masivamente de que Estados Unidos apoyó al Sha hasta el final,

"Entonces no lo sabía, quizá no quería saberlo, pero ahora lo tengo claro: los estadounidenses querían echarme. ¿Qué podía pensar del repentino nombramiento de Ball como asesor de Irán en la Casa Blanca? Sabía que Ball no era amigo de Irán. Sabía que

---

[37] *BBC Persia derriba dos regímenes iraníes*, y *La BBC en Irán*.

Ball estaba trabajando en un informe especial sobre Irán. Pero nadie me informó nunca de qué áreas iba a abarcar el informe, y mucho menos de sus conclusiones. Las leí meses después, cuando estaba en el exilio, y se confirmaron mis peores temores. Ball estaba entre los estadounidenses que querían abandonarme a mí y, en última instancia, a mi país".

Después de que el Sha dimitiera en 1979 y huyera del país, su "firme aliado", Estados Unidos, le negó incluso el asilo, obligándole a trasladarse con su familia a Egipto. Durante la posterior toma de la embajada estadounidense, cuando los partidarios del ayatolá mantuvieron a estadounidenses como rehenes durante 444 días, quedó claro para todo el mundo que el movimiento islámico antidemocrático y antiisraelí también era muy contrario a Occidente. No obstante, el establishment angloamericano siguió apoyando y promoviendo el islam radical.

En 1977 fue destituida Bhutto de Pakistán, de quien hablaremos en breve; en 1979 fue destituido el Sha de Irán; en 1981 fue asesinado Sadat, y en 1982 los Hermanos Musulmanes se sublevaron en Siria. Antes de 1977, Oriente Próximo estaba a punto de alcanzar la estabilidad y la paridad industrial y económica con Occidente gracias a las políticas nacionalistas y a los altos precios del petróleo, pero a principios de los 80 Oriente Próximo estaba en llamas. Egipto se tambaleaba y Mubarak se afianzaba en el poder. Irán e Irak, ambos armados por Occidente, comenzaban su larga guerra. Israel y Siria invadían Líbano, que libraba una guerra civil, y Rusia invadía Afganistán, cuyos rebeldes contaban con el apoyo de Pakistán. El plan de despoblación y desindustrialización preconizado por los británicos y adoptado por los estadounidenses empezaba con buen pie.

VII. Afganistán, Pakistán, el ISI y el BCCI

El 3 de julio de 1979, ante la insistencia de asesores como Zbigniew Brzezinski, el presidente Carter firmó una directiva que autorizaba la ayuda encubierta a los opositores fundamentalistas del régimen comunista gobernante en Afganistán.[38] Esta medida se entendió como una que probablemente conduciría a una intervención soviética directa y eso es exactamente lo que ocurrió el 24 de diciembre de ese año cuando, tras ser invitados por el gobierno afgano, los militares rusos tomaron posiciones para proteger los bienes del gobierno de los ataques rebeldes.

Desde el comienzo de la guerra afgana, la CIA se asoció con la Inteligencia paquistaní (ISI) y financió a los combatientes rebeldes *muyaidines*. Hoy en día se entiende generalmente que el islam radical recibió su mayor impulso como resultado de la exitosa *yihad de los muyaidines* contra las fuerzas soviéticas, y cuando los soviéticos se retiraron del territorio afgano a principios de 1989 el país se quedó con decenas de miles de mercenarios islámicos desempleados que entonces dirigieron su atención hacia Occidente.

La historia de Afganistán siempre ha estado estrechamente ligada a la de Pakistán, región colonizada

---

[38] *Entrevista con Zbigniew Brzezinski*, Le Nouvel Observateur.

en el pasado por Gran Bretaña. La participación británica en el subcontinente se remonta a los primeros años del siglo XVII, cuando el emperador Jahangir, del imperio islámico mogol, permitió a los mercaderes de la Compañía Británica de las Indias Orientales establecer puestos comerciales. En general, se considera que el dominio británico directo en la India comenzó en 1757, cuando las fuerzas de la BEIC dirigidas por Robert Clive derrotaron al ejército del Nawab de Bengala en la batalla de Plessey. En 1803 el control británico sobre el subcontinente aumentó aún más cuando los gobernantes del Imperio mogol se convirtieron en pensionistas del BEIC. El valle del río Indo, centro del actual Pakistán, quedó bajo control británico gracias a la exitosa campaña de 1848-1849 que conquistó el imperio sij, dando a los británicos el Punjab. Desde entonces, las regiones que hoy son India y Pakistán fueron gobernadas por Gran Bretaña ininterrumpidamente hasta que el Imperio Británico se retiró y creó las dos naciones en 1947.

Cuando Gran Bretaña se retiró, varios oficiales británicos se quedaron para ayudar a guiar (y controlar) al emergente ejército pakistaní. Uno de ellos fue el general de división Walter Joseph Cawthorn, quien, como jefe adjunto del Estado Mayor del ejército pakistaní, creó en 1948 la Inteligencia Interservicios de Pakistán (ISI). Cawthorn era un agente de la Inteligencia británica (MI-6) nacido en Australia que había dirigido operaciones en las oficinas de Oriente Medio, India y el Sudeste Asiático entre 1939 y 1945. Se convirtió en Sir Cawthorn en 1958, cuando fue nombrado caballero por la Corona británica, y más tarde sirvió en Australia como jefe de su Servicio Secreto de Inteligencia.³⁹ El ISI de Pakistán era originalmente una agencia de inteligencia militar creada para ayudar a defender a Pakistán en las primeras guerras contra la India por Cachemira y otras cuestiones fronterizas, pero con los años ha crecido hasta convertirse en la versión pakistaní de la CIA, y ha mantenido continuamente estrechos vínculos con la Inteligencia británica.

El poder del ISI aumentó durante sus primeros veinte años hasta la aparición del primer líder civil de Pakistán elegido por el pueblo, el socialista Zulfikar Ali Bhutto, en 1971. Bhutto mostró inmediatamente las mismas características nacionalistas que Nasser, Mossadegh y el Sha, y su régimen cayó en desgracia ante el gobierno británico y Occidente. En 1972, Bhutto retiró a su país de la Commonwealth británica y estrechó relaciones con Rusia, China y los Estados árabes.

En 1977 se produjo el inevitable golpe de Estado, y el Presidente Bhutto fue derrocado por el General Zia Ul-Haq, que había sido nombrado Jefe del Estado Mayor del Ejército por Bhutto en 1976 a instancias de Gulam Jilani Khan, Director General de los ISI desde hacía mucho tiempo. Bhutto comenta extensamente sus constantes luchas con los ISI y la traición de éstos en su libro *If I Am Assassinated (Si me asesinan)*, escrito desde su celda de la prisión pakistaní. También relata cómo Kissinger le amenazó por seguir adelante con el programa de energía

---

[39] *First Supplement to A Who's Who of the British Secret State*, LOBSTER magazine, mayo de 1990 Pakistan's Inter-Services Intelligence in Afghanistan, SAPRA INDIA, *There to the Bitter End*, Anne Blair.

nuclear de Pakistán, diciéndole: "¡Te daremos *un escarmiento!*". Y así fue. Bhutto fue ejecutado en 1978 tras ser sometido a un juicio farsa, a pesar de las objeciones de jefes de Estado de todo el mundo.⁴⁰

Un portavoz radical de los Hermanos Musulmanes dijo lo siguiente varios años después: "La *Hermandad ha tomado el poder en Irán y Pakistán. Bhutto representaba la intrusión de Occidente en el Islam. Bhutto era todo lo que Pakistán no era. Por eso lo matamos. Y usaremos su muerte como advertencia para otros*".⁴¹

La relación de Gran Bretaña con el hampa pakistaní queda clara si echamos la vista atrás al escándalo del BCCI. El **Bank of Credit and Commerce International fue** el primer banco multinacional del Tercer Mundo, creado en 1972 por el banquero pakistaní Agha Hasan Abedi. Inicialmente fue financiado por el jeque Zayed de Abu Dhabi, y de una operación de 2,5 millones de dólares pasó a valer 23.000 millones cuando finalmente cerró en 1991. Se creó justo a tiempo para aprovechar el río de dinero que fluía hacia Oriente Próximo a través de la industria petrolera.

Una de las primeras medidas de la BCCI para ganar influencia internacional fue la compra en 1976 del 85% del Banque de Commerce et Placements (BCP) de Ginebra (Suiza). Tras hacerse con este banco, el BCCI

---

[40] Zulfikar *Ali Bhutto biography*, ppp.org *ISI and its Chicanery in Exporting Terrorism*, por Maj Gen Yashwant Deva, The Indian Defence Review.

[41] *What Really Happened In Iran*, Coleman, p.16, 1984 World In Review, 1-800-942-0821.

nombró gerente a Alfred Hartmann. Hartmann se convirtió entonces en el director financiero del BCC Holding y, por tanto, en uno de los directivos más influyentes del BCCI. Hartmann formaba parte del establishment bancario británico por sus conexiones con la familia Rothschild, siendo miembro del consejo de administración de N.M. Rothschild and Sons, Londres, y presidente del Rothschild Bank AG de Zurich.[42]

El BCCI se constituyó inicialmente en Luxemburgo, famoso por sus laxas restricciones bancarias, y pronto surgieron sucursales y holdings por todo el mundo: en las Islas Caimán, las Antillas Holandesas, Hong Kong, Abu Dhabi, Washington DC y prácticamente en todas partes. Sin embargo, en 1980, cuando el BCCI finalmente solicitó y recibió una licencia del Banco de Inglaterra, <u>ya había más sucursales en el Reino Unido que en ninguna otra nación</u>. De hecho, uno de los principales asesores económicos del BCCI fue el ex Primer Ministro británico (1976-79) Lord James Callaghan.[43] Puede que el BCCI fuera creado por un paquistaní, pero al fin y al cabo era un banco con sede y control británicos.

A lo largo de los años, el BCCI se vio implicado en casi todos los tipos de transacciones ilícitas en las que puede participar un banco, como el blanqueo de dinero procedente del narcotráfico, el tráfico de armas, los sobornos, el fraude, etc. Fue utilizado ampliamente por la CIA a lo largo de su historia, desempeñó un papel en

---

[42] *La verdadera historia del BCCI*, Bill Engdahl y Jeff Steinberg, EIR, 10-13-95.

[43] *El banco fuera de la ley: A Wild Ride Into the Secret Heart of BCCI*, Beaty y Gwynne, p. xv.

el escándalo Irán-Contra, fue un banco utilizado por el cartel de cocaína colombiano de Medellín, e incluso se estableció una sucursal en Panamá para el dinero en efectivo que Manuel Noriega canalizaba fuera de su país. Tras el cierre del BCCI, el periódico británico *The Guardian* informó de que el terrorista Abu Nidal había mantenido cuentas en el BCCI. Jonathan Beaty y S.C. Gwynne, los reporteros de *Time* que cubrieron el escándalo, escriben,

"Según las fuentes de The Guardian, el grupo de Nidal había utilizado durante mucho tiempo una sucursal londinense del BCCI para mover el dinero que utilizaba para montar atentados contra objetivos occidentales, y el MI5 -el equivalente inglés de la CIA- conocía las cuentas. No parecía haber ninguna duda de que los banqueros del BCCI sabían exactamente con quién estaban tratando: Uno de los banqueros de la sucursal londinense describió lo ansiosos que habían estado por proporcionar todos los servicios a los terroristas para mantener sus cuentas multimillonarias."[44]

Sin embargo, el principal objetivo del BCCI, y la razón de su meteórico ascenso, era su conexión con el ISI y los muyahidines que luchaban contra la Unión Soviética en Afganistán. Después de que Zia sustituyera a Bhutto como presidente de Pakistán, nombró a su amigo Fazle Haq gobernador de la Provincia de la Frontera del Noroeste de Pakistán en 1978. Se trata de la zona fronteriza con Afganistán por la que pasaban toneladas de drogas y armas a través del paso de Khyber. Fazle Haq era un importante amigo y patrocinador del fundador del

---

[44] Beaty y Gwynne, p. 118.

BCCI, Abedi, y el BCCI se utilizó para blanquear incontables millones de ingresos procedentes de los narcóticos del ISI.[45]

Casualmente, en 1983 el Fondo Mundial para la Naturaleza (WWF), con sede en Gran Bretaña, sugirió que se crearan dos parques nacionales en el noroeste de Pakistán, y aunque bastante escasos en fauna natural, las reservas resultaron ser excelentes para el cultivo de adormidera y para organizar incursiones muyahidines en Afganistán.[46]

El ex investigador del Senado Jack Blum dijo esto sobre la conexión del BCCI con la guerra afgana durante su testimonio ante el Congreso de Estados Unidos,

"Este banco fue producto de la guerra de Afganistán y personas muy cercanas a los muyahidines han declarado que muchos militares paquistaníes que estaban profundamente implicados en la asistencia y el apoyo al movimiento rebelde afgano robaban el dinero de nuestra ayuda exterior y utilizaban el BCCI para ocultar el dinero robado; para comercializar armas estadounidenses que iban a ser entregadas y que ellos habían robado; y para comercializar y gestionar fondos procedentes de la venta de heroína que, al parecer,

---

[45] Beaty y Gwynn, pp. 48-49.

[46] *"Sadruddin Aga Khan: Mujahideen Coordinator"*, Scott Thomspon y Joseph Brewda, EIR, 10-13-95. El WWF ha sido utilizado y abusado por la Inteligencia británica desde su creación en 1961, como ha documentado el periodista de investigación británico Kevin Dowling. Véase el artículo relacionado y los relatos de Dowling en la revista *Noseweek*.

había sido urdida por uno de los grupos muyahidines."[47]

Cuando el general Zia se hizo cargo de Pakistán, todas las piezas estaban en su sitio para iniciar la operación masiva de tráfico de drogas, fraude y estafa que fue la guerra de Afganistán. Según Beaty y Gwynne, Zia ya tenía una *"relación estrecha y de cooperación"* con el fundador del BCCI, Agha Hasan Abedi, cuando tomó el poder[48]. El triángulo formado por el gobierno del general Zia, los ISI (que habían dado poderes a Zia) y el BCCI procedió entonces a dirigir la sublevación de *los muyahidines* afganos para la CIA, con aportaciones desde arriba de la Inteligencia británica. En el transcurso de la guerra afgana, se canalizaron hasta 5.000 millones de dólares de ayuda de los contribuyentes estadounidenses hacia el esfuerzo bélico, y mientras duró, el ISI de Pakistán entrenó a unos 83.000 combatientes muyahidines musulmanes.

El papel de Gran Bretaña en la promoción del experimento afgano fue crucial, aunque ahora a menudo se pase por alto. Casi inmediatamente después de la invasión soviética de Afganistán, Lord Nicholas Bethell, agente de carrera de la inteligencia británica, creó Radio Free Kabul como portavoz de los *muyahidines*.

Bethell había estado involucrado en operaciones rusas y en Oriente Medio durante toda su carrera, y era amigo íntimo del espía británico Kim Philby. Otros miembros

---

[47] *"La verdadera historia del BCCI"*, Bill Engdahl y Jeff Steinberg, EIR, 10-13-95 10.

[48] Beaty y Gwynn, p. 146, también pp. 251, 262, 279, 286-7, 324, 346.

de Radio Free Kabul eran Winston Churchill III, el ex ministro de Asuntos Exteriores Baron Chalfont, Lord Morrison de Lambeth, ex jefe del Foreign Office, y el oficial de la Inteligencia británica Ray Whitney. En 1981, Lord Bethell acompañó a la Primera Ministra Margaret Thatcher en una gira por Estados Unidos para recabar apoyo para la resistencia, y juntos se reunieron con más de 60 congresistas y senadores, lo que condujo finalmente a la creación del Comité por un Afganistán Libre, con sede en Estados Unidos, que presionó continuamente en apoyo de los muyahidines.[49]

Otra creación británica fue Afghan Aid UK, creada en Peshawar (Pakistán) por la esposa del periodista británico John Fullerton. El principal patrocinador de este grupo fue el vizconde británico Cranbourne, que más tarde testificó ante el Grupo de Trabajo Conjunto Especial sobre Afganistán del Congreso de Estados Unidos para presionar a favor del apoyo estadounidense. Su organización recibió importantes fondos del gobierno británico y de la Agencia de Estados Unidos para el Desarrollo Internacional (USAID).

Gran Bretaña presionó para crear una guerra en Afganistán, querían que los contribuyentes estadounidenses pagaran por ella y manipularon la situación financiera para poder beneficiarse de ella. El BCCI fue cerrado por el Banco de Inglaterra en 1991 sólo *después de* la retirada rusa, y sólo entonces debido a la valiente campaña de un puñado de investigadores

---

[49] *The Anglo-American Support Apparatus Behind the Afghani Mujahideen*, Adam K. East, EIR, 10-13-95.

estadounidenses. Beaty y Gwynne escriben,

"Aunque el Banco de Inglaterra había apretado el gatillo contra el BCCI el 5 de julio de 1991, y con ello había iniciado una reacción en cadena mundial que había hecho añicos la creación de Agha Hasan Abedi, lo había hecho a regañadientes y sólo después de esperar un tiempo extraordinario. Había sido más cobarde que heroico; sólo se había movido cuando se vio obligado a hacerlo por una formidable alianza estadounidense entre el Banco de la Reserva Federal y el fiscal del distrito de Manhattan".[50]

El informe final del Congreso estadounidense sobre el asunto BCCI afirma,

"Mediante un acuerdo, el Banco de Inglaterra había suscrito en efecto un plan con el BCCI, Abu Dhabi y Price Waterhouse en virtud del cual mantendrían en secreto la verdadera situación del BCCI a cambio de cooperar entre sí para tratar de evitar una catastrófica quiebra multimillonaria.

Desde abril de 1990 en adelante, el Banco de Inglaterra se había convertido inadvertidamente en socio de un encubrimiento de la criminalidad del BCCI".[51]

El BCCI era el banco preferido de terroristas y traficantes de armas y drogas de Oriente Próximo, cárteles de la droga sudamericanos, señores del crimen organizado e

---

[50] Beaty y Gwynne, p. 101.

[51] Beaty y Gwynne, p. 106.

incluso de servicios de inteligencia como el ISI, el Mossad, el MI6 y la CIA. De hecho, el entonces director adjunto de la CIA, Robert Gates, se refirió en una ocasión al BCCI bromeando como el "Banco de ladrones y criminales".[52] Durante al menos una década, las autoridades británicas le permitieron campar a sus anchas fuera de su sala de estar y, tras su caída, importantes registros fueron sellados y ocultados a los investigadores estadounidenses. Cuando estalló el escándalo, la reacción de los medios de comunicación se centró sobre todo en los vínculos del BCCI con Estados Unidos y la CIA, pero sólo gracias al secretismo y la pericia de la clase dirigente británica en el control de daños. Es probable que nunca se sepa toda la verdad.

A medida que la guerra en Afganistán se extinguía y la retirada rusa se hacía inevitable, la situación se volvió mucho más compleja. El apoyo estadounidense a los muyaidines disminuyó a medida que la CIA intentaba resistirse al establecimiento de un gobierno afgano fanático. Surgieron nuevos señores de la guerra y se utilizaron cada vez más otras vías de contrabando de drogas, a través de Irán y de las repúblicas soviéticas del sur. La disminución del suministro de dinero y armas del gobierno estadounidense, unida a la disminución del suministro de efectivo procedente de la droga, contribuyó al declive del BCCI.

Esto nos lleva a centrarnos en la industria de la droga y el impacto que ha tenido en la configuración de Afganistán. Peter Dale Scott, Alfred W. McCoy y

---

[52] Beaty y Gwynn, p. 346, y *"The BCCI Affair"*, resumen y documentos clave.

Michael C. Ruppert son tres autoridades en la materia. En resumen, la conclusión a la que llegan las experiencias e investigaciones de estos hombres es que las drogas (sobre todo la cocaína y la heroína) son mercancías controladas, al igual que el petróleo, el oro y los diamantes, con intrincados sistemas de producción, distribución y flujo de dinero apoyados por Occidente. En la actualidad, la industria mundial de la droga genera unos 600.000 millones de dólares al año, y la inmensa mayoría de este dinero se canaliza (blanquea) hacia los bancos angloamericanos y/o Wall Street. Estos investigadores *afirman* que una de las tareas más importantes de los servicios de inteligencia occidentales ha sido asegurarse de que el flujo de dinero de la droga hacia el sistema financiero angloamericano continúe sin obstáculos. (Y sí, el BCCI con sede en Londres era, a todos los efectos, un banco angloamericano).

Sea como fuere, merece la pena señalar que cuando Gran Bretaña y la CIA se implicaron en Afganistán la producción de opio se disparó. De una cosecha estimada de sólo 100 toneladas anuales a principios de los setenta, la producción de opio pasó a 300 toneladas en 1982 y a 575 toneladas en 1983. A finales de los ochenta, cerca del final de la guerra, la producción afgana de adormidera había alcanzado unas 1.600 toneladas anuales.[53]

El negocio de la droga de la CIA tuvo tanto éxito que en 1981 Afganistán suministraba cerca del 60% de la heroína de Estados Unidos, tras haber aportado una cantidad casi insignificante sólo dos años antes. Las

---

[53] *Historia del opio, 1979 a 1994* Alfred McCoy.

cosechas se cultivaban en Afganistán, se sintetizaban en heroína en laboratorios a ambos lados de la frontera pakafgana y luego se introducían de contrabando en Estados Unidos y Europa. El gobierno del general Zia también se ahogaba en un mar de heroína, a pesar de los elogios internacionales que recibía por reducir simultáneamente el cultivo de adormidera en *su* lado de la frontera, y la población heroinómana de Pakistán pasó de unos 5.000 habitantes en 1981 a más de 1,2 millones en 1985.[54]

También hay que señalar que la guerra dirigida por Estados Unidos contra el régimen talibán se produjo después de uno de los programas de erradicación de la adormidera de mayor éxito jamás vistos. En julio de 2000, el mulá Omar prohibió el cultivo de adormidera y, en febrero de 2001, los funcionarios de la ONU encargados del control de drogas pudieron confirmar que la producción de adormidera se había paralizado prácticamente en las zonas controladas por los talibanes. ¿Fue la esperada pérdida de ingresos de la droga un incentivo añadido para que Occidente eliminara a los talibanes? ¿Explica esto por qué los agricultores afganos han opuesto poca resistencia en su rápido retorno a su cultivo comercial favorito tras la desaparición de los talibanes?[55]

Cuando la CIA se involucró en Afganistán, dependía casi por completo de sus contactos con los ISI en Pakistán

---

[54] *Drug Fallout*, Alfred McCoy, y la declaración de Pakistán ante la ONU sobre el narcotráfico.

[55] *Las mentiras sobre la heroína de los talibanes*, Michael C. Ruppert, FTW.

para obtener información y orientación sobre la dirección de la guerra. A medida que la guerra evolucionaba, el apoyo estadounidense se canalizó, a instancias de los ISI, hacia un grupo de siete muyahidines afganos independientes, conocidos como los *Siete de Peshawar*.

Finalmente, uno de los siete, un señor de la guerra llamado Gulbuddin Hekmatyar, se convirtió en el principal beneficiario de la ayuda estadounidense, a pesar de su pasado comunista, su visión radical del Islam y su flagrante antiamericanismo. Hekmatyar había sido estudiante de ingeniería en la Universidad de Kabul, y luego se había formado en la Academia Militar de Kabul antes de ser expulsado. Hekmatyar se afilió a la Hermandad Musulmana a principios de los años 70, y en la época de la guerra afgana se había convertido en el líder de un grupo llamado Hezb-i-Islami, o Partido del Islam, a pesar de que nunca había recibido una educación islámica clásica. Con los años, sus seguidores se hicieron famosos por su estricto fanatismo musulmán (eran famosos por arrojar ácido a la cara de las mujeres que se negaban a llevar velo), y Hekmatyar se convirtió en el mayor productor de opio de Afganistán. Poseía miles de hectáreas de campos de adormidera y, según McCoy, poseía al menos seis laboratorios de heroína en el lado pakistaní del paso de Khyber.[56]

En marzo de 1990, el Comité Republicano de Investigación del Grupo de Trabajo sobre Terrorismo y

---

[56] Blum, pp. 338-352 y *Osama Bin Laden - A CIA Creation and its 'Blowback'*, Mike Ruppert citando a McCoy en relación con los seis laboratorios de *Hekmatyar*, y *Gulbuddin Hekmatyar Had Links With KGB*, Imran Akbar.

Guerra No Convencional de la Cámara de Representantes de Estados Unidos presentó un informe de 19 páginas en el que se criticaba a la CIA por sus tratos con el "Partido del Islam" de Hekmatyar y por encubrir los problemas que su grupo había creado. Con el tiempo se ha sabido que Hekmatyar era un activo de los ISI que blanqueaba su dinero a través del BCCI, y que también cooperaba con el KGB ruso para asegurarse su condición de señor de la guerra más poderoso entre muchos rivales. Jeffrey Steinberg de EIR lo resume,

"Aunque los diplomáticos y oficiales de inteligencia estadounidenses destinados en Pakistán advertían a menudo de las fuertes opiniones antioccidentales y proiraníes de Hekmatyar, especulaban sobre posibles vínculos con el KGB soviético e incluso reconocían su indiscutible condición de "rey de la heroína" de Afganistán, sus fuerzas recibieron la mayor parte del apoyo militar estadounidense e internacional durante toda la guerra afgana. Los informes de inteligencia enviados a Washington sobre el progreso de la guerra eran notoriamente parciales y estaban llenos de desinformación que presentaban a los muyahidines de Hekmatyar como los combatientes más exitosos. A menudo, los informes enviados al Pentágono y a la CIA eran idénticos a los elaborados por la inteligencia británica, con los mismos errores ortográficos y tipográficos. Los informes sobre el terreno más fiables indicaban que Hekmatyar dedicaba más tiempo y esfuerzo a luchar contra grupos muyahidines rivales que

*a combatir a los soviéticos."*⁵⁷

La versión de los ISI sobre la situación aparece en el libro *Afghanistan: The Bear Trap*, en el que el brigadier Mohammed Yousaf, antiguo jefe de la Oficina Afgana de los ISI (coescrito con un antiguo oficial del ejército británico), describe a Hekmatyar como *"escrupulosamente honesto"* y el líder muyahidín más duro y enérgico. Yousaf fue el director de los muyaidines del ISI y sostiene que la guerra se prolongó más de lo necesario porque Estados Unidos no dio *suficiente* apoyo a Hekmatyar y a los islamistas, que empezaron a desvanecerse a finales de los 80, mientras los soviéticos seguían ocupando Afganistán. A Yousef le molesta que la CIA no diera a los islamistas una victoria aplastante, a pesar de que los talibanes acabaron surgiendo tras varios años de guerra civil.[58]

El punto de vista de Yousef puede compararse con el Informe Republicano de la Cámara de Representantes de Estados Unidos de 1990, del que se habla en este **artículo del** periodista Imran Akbar, de *The News International, en* el que también se detallan los presuntos vínculos con el KGB mantenidos por Hekmatyar.

Tras la toma del poder por los talibanes, Hekmatyar se vio obligado a huir a Irán. En febrero de este año, el gobierno iraní cerró sus operaciones en Irán y lo expulsó

---

[57] *War In Afghanistan Spawned A Global Narco-Terrorist Force*, Steinberg, 10-13-95 EIR.

[58] Yousef, pp. 40-41, 233-235.

de vuelta a Afganistán.

Hekmatyar ha sido tan franco como siempre en sus opiniones antiestadounidenses, ofreciendo recompensas por el asesinato de tropas estadounidenses y calificando de ilegítimo el nuevo gobierno afgano instalado por Estados Unidos. Al parecer, en mayo la CIA intentó asesinarlo con un misil disparado desde un avión no tripulado Predator cuando él y su séquito se desplazaban cerca de Kabul. Este favorito del ISI sigue siendo uno de los actores más peligrosos de Afganistán en la actualidad.[59]

En su libro, Yousef también hace todo lo posible por dejar claro que el personal estadounidense nunca participó en el entrenamiento de ninguno de los muyahidines afganos,

"Hasta la retirada soviética de Afganistán a principios de 1989, ningún instructor estadounidense o chino participó nunca en la formación sobre ningún tipo de arma o equipo a los muyahidines.

Incluso con los sistemas de armamento más pesados y sofisticados... siempre fueron nuestros equipos pakistaníes los que entrenaron a los muyahidines. Se trataba de una política deliberada y cuidadosamente estudiada que nos negamos rotundamente a cambiar a pesar de las crecientes presiones de la CIA, y más tarde del Departamento de Defensa de Estados Unidos, para que se hicieran cargo de ella. Desde el principio, los

---

[59] "CIA 'tried to kill Afghan warlord,'" BBC, 10 de mayo de 2002.

*estadounidenses quisieron participar directamente en la distribución de las armas, <u>la planificación operativa de las operaciones</u> y el adiestramiento de las guerrillas. Desde el principio, hasta que el último soldado soviético abandonó el país, **nos resistimos con éxito**".* [el subrayado es nuestro].[60]

Aparte de ser financiadora y proveedora de armamento, la CIA estadounidense estaba al margen. Fue el ISI de Yousef el que dirigió la yihad afgana contra los soviéticos, y fue el ISI el que canalizó el apoyo de la CIA a los caudillos afganos más indeseables. Lo que queda claro después de revisar el historial de esta época es que la agenda del ISI, y la de la guerra afgana en general, fue fijada en mucho mayor grado por los británicos que por la CIA. Los británicos habían formulado y promovido el plan para la participación estadounidense; mantenían estrechas relaciones con el ISI que dirigía la guerra; controlaban el banco que se benefició en gran medida de ella; y cuando terminó la guerra acogieron en Gran Bretaña a los muchos veteranos muyahidines que solicitaron asilo británico.

Osama bin Laden era uno de estos veteranos y a principios de 1994 compró una finca y vivió durante un breve periodo en el suburbio londinense de Wembley. Durante su estancia en Londres estableció su **Comité de Asesoramiento y Reforma** para supervisar su red económica, y consolidó sus vínculos propagandísticos con el mundo occidental a través de sus conexiones con el jeque londinense Omar Bakri y con Abdel Bari Atwan, editor de *al-Quds al-Arabi*, uno de los periódicos en

---

[60] Youssef, p. 115.

lengua árabe más influyentes del mundo. Yossef Bodansky, autor de la exitosa biografía de *Bin Laden*, escribe: *"Cuando Bin Laden abandonó Londres, había consolidado un amplio sistema de entidades con una sólida -aunque clandestina- fuente de financiación. Este sistema de difusión de datos con sede en Londres sigue funcionando eficazmente"*. (Escrito en 1999).[61]

VIII. Más información

Executive Intelligence Review:

http://www.larouchepub.com/

Incluir a Gran Bretaña en la lista de Estados patrocinadores del terrorismo

¿Quién controla realmente el terrorismo internacional?

Por qué el verdadero nombre es "Osama bin London

Bernard Lewis: el vengador británico detrás del choque de civilizaciones, por Scott Thompson y Jeffrey Steinberg

La guerra de Afganistán generó una fuerza narcoterrorista mundial, por Jeffrey Steinberg

Del Middle East Media Research Institute

http://www.memri.org/

Sheikh Omar Bakri Mohammed - Londres, otro miembro de los Hermanos Musulmanes

Entrevistas a dirigentes islamistas en Londres

---

[61] Bodansky, pp. 101-102.

Los Hermanos Musulmanes egipcios presentan nuevos terroristas suicidas

BBC

El Reino Unido es el paraíso de los blanqueadores de dinero

El FBI destaca los sospechosos de terrorismo en el Reino Unido

Otras fuentes

La conexión británica, por Hichem Karoui

La comunidad disidente británica de islamistas árabes es un hervidero de radicalismo, por Nicolas Pelham

Militantes islámicos tienen base en Londres, Newsday.com

Londres, centro de los radicales, USATODAY.com

El Reino Unido, campo de reclutamiento de Al-Qaeda, The Times of India

Los Hermanos Musulmanes: El arma secreta de los globalistas

I. Las raíces del terrorismo islámico

Durante el último medio siglo, la religión ha ido en declive en la parte occidental del mundo y también en la mayor parte de Oriente. La espiritualidad se ha cambiado por el materialismo a medida que aumentaba el nivel de vida, y la cultura popular se ha vuelto también casi completamente secular. ¿Por qué ha sido diferente la situación en Oriente Próximo? ¿Cómo es que la ética judeocristiana se ha erosionado, mientras que la islámica ha experimentado un aparente resurgimiento? Este estudio tratará de explicar cómo esta situación no es algo que haya ocurrido por casualidad y ofrecerá pruebas de que el islam militante ha sido una carta jugada por las élites globales del establishment angloamericano dominante para alcanzar el objetivo a largo plazo de un gobierno mundial.

Antes de referirnos a los acontecimientos del 11 de septiembre, debemos examinar primero el pequeño grupo de eruditos musulmanes que desarrollaron la ideología, y luego, a medida que avancemos, quedará claro lo unido y estrechamente relacionado que está realmente el movimiento. Es un movimiento pequeño dentro de la religión del Islam, pero es muy influyente y su eficacia debe medirse de otras formas que no sean simplemente contando el número de adeptos a su filosofía.

Como relatamos en la **primera parte**, los británicos utilizaron el islam para legitimar a sus gobernantes títeres en Jordania, Irak, Arabia Saudí y Palestina después de apoderarse de Oriente Próximo en la Primera Guerra Mundial. Por eso, los movimientos anticoloniales legítimos, como los de Nasser, Mossadegh y Bhutto, eran fundamentalmente de carácter laico. Cuando estos movimientos nacionalistas empezaron a triunfar fuera de la esfera de influencia británica, los británicos recurrieron a sus aliados islámicos para subvertir estos regímenes independientes. Los Hermanos Musulmanes destacan como el movimiento contrarrevolucionario más importante de este periodo en Oriente Próximo, y uno de los activos estratégicos más importantes de los globalistas británicos en la actualidad.

Los Hermanos Musulmanes surgieron en Egipto en 1928 para convertirse en *"la mayor y más influyente organización sunní revivalista del siglo 20th"*. Fue fundada por Hasan al-Banna, primogénito de un respetado jeque que también era autor y dirigente de una mezquita local. Hasan nació en 1906 y creció inmerso en el islam bajo la tutela de su padre. Memorizó el Corán y a los doce años fundó una organización llamada Sociedad para el Comportamiento Moral. Poco después creó otro grupo, la Sociedad para Impedir lo Prohibido. Era un musulmán devoto dedicado a su fe y a los dieciséis años se matriculó en una escuela islámica de El Cairo para formarse como profesor. De adolescente, Hasan al-Banna también se hizo miembro de una orden sufí, la de los Hermanos Hasafiyya. Participó activamente en la orden, leyendo toda la literatura sufí que caía en sus manos, y organizó un grupo sufí, la

Sociedad Hasafiyya para el Bienestar.[62]

En la primera parte de este estudio relatamos varias acusaciones de que la Hermandad Musulmana fue creada, infiltrada o, al menos, promovida por la Inteligencia británica y/o la masonería británica. El Dr. John Coleman alega que fue creada por "*los grandes nombres de la inteligencia británica de Oriente Medio...*", Stephen Dorril escribe que la Hermandad estaba vinculada a la Inteligencia británica a través de la dama Freya Stark antes de la Segunda Guerra Mundial, y el régimen del Sha en Irán la consideraba una herramienta de la masonería británica.

A algunos musulmanes les costará creer estas afirmaciones, pero no deben rechazarse de plano. Hasan al-Banna era un musulmán devoto que anteponía el islam a todo lo demás, pero no debe considerarse inconcebible que estuviera influido por la Hermandad Masónica británica o que aceptara ayuda británica para impulsar su movimiento, al menos en las primeras etapas. Los británicos utilizaron eficazmente el islam fuera de Egipto, así que ¿por qué no iban a intentar utilizarlo también en Egipto?

La masonería apareció en Egipto poco después de la conquista de Napoleón en 1798, cuando el general Kleber, masón francés y alto comandante del ejército napoleónico, estableció la Logia de Isis. La masonería francesa dominó Egipto hasta que empezaron a aparecer logias británicas tras la ocupación británica en 1882. La masonería era muy popular en la primera mitad del siglo

---

[62] Biografía de Hasan al-Banna.

XX, y muchos egipcios importantes eran masones, junto con los gobernantes y aristócratas británicos que ocuparon el país. De hecho, los monarcas egipcios, desde el jedive Ismail hasta el rey Fouad, fueron nombrados Grandes Maestros honorarios al inicio de sus reinados. Entre 1940 y 1957 se fundaron cerca de setenta logias masónicas en todo Egipto. En una época, los líderes de los partidos Nacionalista y Wafd eran masones, y muchos miembros del parlamento egipcio también lo eran, donde se mezclaban con los mandos militares y los aristócratas de la ocupación británica en el poder.[63]

Dos líderes islámicos muy importantes en Egipto, Jamal al-Din al-Afghani y Mohammed Abdou, eran también masones. Al-Afghani era un extranjero que había sido primer ministro de Afganistán antes de convertirse en activista en Irán y Rusia antes de su aparición en Egipto. Se le considera *"el fundador del movimiento político panislámico"*, y su movimiento se conoce como movimiento **salafiyya**. Agitó contra el imperialismo británico, pero al mismo tiempo abogó por la modernización del mundo musulmán. Antes de ser expulsado de Egipto se convirtió en una figura importante de la Universidad Al-Azhar de El Cairo y su discípulo más importante fue Mohammed Abduh. Durante toda su vida fue un activista de la autodeterminación musulmana, pero varias veces visitó Londres donde, según un biógrafo, *"restableció los lazos con los miembros de su logia"*. Cuando al-Afghani murió en 1897, dejó tras de sí una gran cantidad de escritos políticos y religiosos que formarían parte de la base de

---

[63] Freemasonry In Egypt, Insight Magazine, 1 de marzo de 1999.

los movimientos islamistas posteriores.[64]

Tras la expulsión de al-Afghani de Egipto en 1879, Mohammed Abduh siguió promoviendo su mensaje reformista. Por ello, Abduh fue expulsado en 1882. Durante su exilio se reunió con al-Afghani en París, donde colaboraron en la publicación de una revista musulmana y ampliaron sus contactos dentro de la Hermandad Masónica. Cuatro años más tarde, los británicos cambiaron de opinión y permitieron el regreso de Abduh. Se convirtió en profesor de la Universidad de Al-Azhar, donde se centró en la reforma de la prestigiosa institución islámica. Al mismo tiempo, ascendió rápidamente hasta convertirse en juez de los Tribunales Nacionales. Sólo once años después de regresar de su exilio impuesto por los británicos, el gobernador británico en el poder, Lord Cromer, nombró al jeque Mohammed Abduh Gran Muftí de Egipto en 1899. Ahora era el Papa del Islam.[65] Al mismo tiempo, era el Gran Maestro Masónico de la Logia Unida de Egipto.[66]

Por supuesto, había un motivo oculto para que Cromer convirtiera a Abduh en la figura más poderosa de todo el Islam. En 1898, el consejo rector de la Universidad de Al-Azhar había reafirmado que la usura, y por tanto la banca según el modelo occidental, era *harem* (ilegal) según la ley islámica. Esto era inaceptable para lord Cromer porque su nombre de pila era Evelyn Baring,

---

[64] Biografía de Jamal al-Afghani.

[65] Biografía de Mohammed Abduh.

[66] Comentario del Shaykh Abdul Hadi de la Asociación Musulmana Italiana.

miembro importante de la prestigiosa familia bancaria inglesa Baring, que se había enriquecido con el comercio del opio en India y China. Lord Cromer encargó a su amigo el jeque Abduh que cambiara la ley que prohibía la banca y, una vez nombrado gran muftí, utilizó una interpretación muy liberal y creativa del Corán para fabricar un resquicio legal que permitiera la práctica prohibida de la usura. Los bancos británicos tuvieron entonces vía libre para dominar Egipto. En los escritos de Lord Cromer dice: *"Sospecho que mi amigo Abduh era en realidad un agnóstico",* y comentó el movimiento salafiyya de Abduh diciendo: *"Son los aliados naturales del reformador europeo".* Incluso Cromer vio que el movimiento islamista podía utilizarse en beneficio de Gran Bretaña.[67]

El jeque Mohammed Abduh tuvo dos alumnos que fueron importantes en la continuación del movimiento salafiyya tras su muerte en 1905. Uno de ellos fue el jeque Ahmad Abd al-Rahman al-Banna, padre de Hasan al-Banna. El otro era Mohammed Rashid Rida, un masón que se convirtió en buen amigo del jeque Abduh y editor de la revista mensual *El Faro*. Este portavoz del movimiento salafiyya se publicó por primera vez en 1897, y Rida siguió siendo el editor durante treinta y siete años. Rida también pertenecía al círculo de influencia británico y su publicación reflejaba el punto de vista británico al agitar contra el Imperio Otomano. Elogió al movimiento masónico de los Jóvenes Turcos, pero tras la Primera Guerra Mundial fustigó la revolución

---

[67] Extracto de *"El retorno del Jalifato"* por Shaykh Abdalqadir as-Sufi.

nacionalista de Turquía bajo Ataturk.[68]

La joven vida de Hasan al-Banna estuvo influida por todos estos factores: por el movimiento islámico, por la ocupación británica, por su padre y por su mentor más importante, Mohammed Rashid Rida. Al-Banna creció leyendo las publicaciones de Rida y, gracias a sus contactos familiares, se hicieron buenos amigos. A su muerte en 1935, Rida había depositado todas sus esperanzas de un resurgimiento islámico en la Hermandad Musulmana de al-Banna. El otro factor en la vida de Hasan al-Banna fue la masonería. Al-Banna experimentó con numerosas sectas religiosas y grupos políticos cuando era joven y también se hizo miembro de la Hermandad Masónica. Esto era totalmente normal para alguien que crecía en las altas esferas de la sociedad egipcia de la época y su pertenencia no se consideraba una traición a los valores islámicos, como ocurre hoy.[69]

En 1927, a la edad de veintiún años, tras graduarse en la universidad, fue nombrado profesor de árabe en una escuela de Ismailiyya. Esta ciudad era la capital de la zona del Canal ocupada por los británicos y la sede de la compañía británica del Canal de Suez. Hasan al-Banna fundó allí la Hermandad Musulmana un año después. La Compañía del Canal de Suez ayudó a financiar la primera mezquita de los Hermanos Musulmanes, construida en

---

[68] Biografía de Hasan al-Banna; Dietl, p. 26; Dreyfuss, p. 139-140.

[69] Comentario del Shaykh Abdul Hadi de la Asociación Musulmana Italiana.

Ismailiyya en 1930.[70]

Una pregunta importante es cómo, entre una multitud de organizaciones islámicas competidoras, la Hermandad Musulmana se expandió a pasos tan agigantados hasta contar con más de 500.000 miembros activos sólo una década después. Al-Banna sólo tenía veintidós años cuando comenzó, y su sede estuvo en el corazón del territorio ocupado por los británicos durante sus primeros cuatro años. Las historias contemporáneas atribuyen el éxito de la Hermandad directamente a la capacidad organizativa de al-Banna:

El factor más importante que hizo posible esta espectacular expansión fue el liderazgo organizativo e ideológico de al-Banna. Se esforzó por lograr los cambios que esperaba mediante la creación de instituciones, un activismo implacable en las bases y la confianza en la comunicación de masas. Procedió a construir un complejo movimiento de masas que contaba con sofisticadas estructuras de gobierno; secciones encargadas de promover los valores de la sociedad entre campesinos, trabajadores y profesionales; unidades encargadas de funciones clave, como la propagación del mensaje, el enlace con el mundo islámico y la prensa y la traducción; y comités especializados en finanzas y asuntos legales. Para afianzar esta organización en la sociedad egipcia, al-Banna se apoyó hábilmente en las redes sociales preexistentes, en particular las creadas en torno a las mezquitas, las asociaciones islámicas de bienestar y los grupos vecinales. Este tejido de lazos tradicionales en una estructura distintivamente moderna

---

[70] Dreyfuss, p. 143.

fue la raíz de su éxito.[71]

La conclusión es que el éxito de la Hermandad Musulmana no podría haberse logrado sin la aprobación de la clase dirigente británica, y la asociación de al-Banna con la Hermandad Masónica explica en gran medida la eficacia de su organización y su perfecta integración en la sociedad egipcia. Al igual que la Hermandad Masónica, se estableció inicialmente como una organización benéfica. Sin embargo, mientras que la masonería era liberal y permitía la afiliación de miembros de todas las religiones, los Hermanos Musulmanes se centraban específicamente en el islam. Era una masonería sólo para musulmanes. Al igual que la masonería, la Hermandad Musulmana estaba consagrada al secreto y se regía por una estructura de mando piramidal. Los soldados rasos de abajo no tenían ni idea de los verdaderos objetivos de los líderes de arriba.

La Hermandad Musulmana se creó con la aprobación y el apoyo de la clase dirigente británica, pero un movimiento de masas tan popular resultó difícil de controlar. El pueblo egipcio albergaba un profundo resentimiento antibritánico, y este sentimiento dominó inevitablemente a la Hermandad Musulmana. Dejó de ser únicamente una organización caritativa y religiosa a finales de la década de 1930, cuando entró en el terreno de la política para apoyar el levantamiento árabe palestino contra los británicos y la creciente afluencia de inmigrantes judíos. La actividad antibritánica pronto empezó a aumentar en el seno de la Hermandad y, a

---

[71] Biografía de Hasan al-Banna.

principios de la Segunda Guerra Mundial, al-Banna fue encarcelado brevemente por el régimen pro-británico por permitir que su organización se descontrolara.

Tras el final de la Segunda Guerra Mundial, al-Banna se convirtió en uno de los líderes más poderosos de Egipto. Se encontró en una lucha por el poder contra la monarquía y el partido laico Wafd, y su organización fue considerada la más militante, la más radical y la más peligrosa. En 1948, miembros de la Hermandad Musulmana se vieron implicados en el asesinato del jefe de policía de El Cairo y el gobierno tomó represalias cuando el Primer Ministro Nuqrashi Pasha emitió una proclama en diciembre de 1948 disolviendo la Hermandad Musulmana. Se cerraron sus sedes y sucursales y se confiscaron sus bienes y fondos. Cientos de miembros fueron detenidos y encarcelados, y los Hermanos Musulmanes pasaron a la clandestinidad. Semanas después, Nuqrashi Pasha fue asesinado por la Hermandad y, el 12 de febrero de 1949, el propio Hassan al-Banna fue asesinado por la policía secreta egipcia.

En mayo de 1950, el gobierno intentó reconciliarse con la Hermandad y liberó de prisión a la mayoría de los miembros capturados. Al año siguiente se revocó la prohibición de la Hermandad, pero ésta se vio obligada a mantenerse al amparo de una nueva ley aprobada para regular las numerosas sociedades, grupos y organizaciones egipcios.

Mientras la monarquía seguía perdiendo popularidad y avanzaba con demasiada lentitud hacia la separación de Gran Bretaña para el gusto de la opinión pública, dos grupos subversivos maquinaban entre bastidores para controlar el destino de Egipto: los Oficiales Libres y la

Hermandad Musulmana, el ejército y los fundamentalistas. El ejército demostró tener la sartén por el mango, especialmente tras la muerte de al-Banna, y Nasser se erigió finalmente como el hombre que conduciría a Egipto por un camino independiente. Al principio, la Hermandad apoyó al ejército y se intentó incluirla en el nuevo gobierno, pero la Hermandad sobrestimó su fuerza e influencia y exigió demasiado. Después de que Nasser ganara su lucha por el poder con el general Naguib, la Hermandad supo que se enfrentaba a un futuro difícil. Nasser era mucho menos comprensivo con los fundamentalistas que Naguib y la ruptura fue total cuando la Hermandad intentó asesinar a Nasser en octubre de 1954. Muchos años después, el depuesto y amargado general Naguib afirmó en sus memorias que el asesinato fue una operación encubierta planeada por Nasser como excusa para acabar de una vez por todas con la problemática Hermandad.[72]

En cualquier caso, a finales de 1954 miles de miembros de la Hermandad estaban encarcelados, incluidos casi todos sus dirigentes, y seis fueron ejecutados. Fue esta ruptura la que allanó el camino para una nueva relación entre la Hermandad Musulmana y los servicios de inteligencia de Gran Bretaña y Estados Unidos, porque todos ellos estaban unidos en su odio a Nasser. Desgraciadamente para Occidente, la Hermandad siguió siendo en gran medida ineficaz dentro de Egipto durante todo el reinado de Nasser, aunque participaron en varios atentados más contra su vida. Durante este tiempo, muchos de los miembros que huían fueron acogidos en Londres, donde establecieron una presencia que se

---

[72] Dietl, p. 56.

mantiene hasta hoy, y algunos de ellos también se reubicaron en Siria, Jordania y Arabia Saudí.

Hasan al-Banna creó una organización descrita por los historiadores árabes como *"el mayor movimiento islámico moderno"*. Al-Banna era conocido por decir:

"Necesitamos tres generaciones para nuestros planes: una para escuchar, otra para luchar y otra para ganar".[73]

Murió joven, a los 43 años. La suya era la generación de los "oyentes", pero él era el orador. Tras su prematura muerte surgieron otros líderes para seguir instruyendo a los creyentes dentro del islam fundamentalista militante.

Uno de ellos era un hombre llamado Sayed Qutb. Llegó a ser reconocido como el *"ideólogo jefe"* de los Hermanos Musulmanes después de al-Banna, y sus extensos escritos justifican las creencias de los islamistas radicales de hoy. Los musulmanes rara vez toman el camino radical del islam sin leer algo escrito por Qutb.

Sayed Qutb tenía la misma edad que al-Banna y también era masón, pero no se unió a la Hermandad hasta después de la muerte de al-Banna. Se había vuelto crítico con Occidente tras vivir un tiempo en Estados Unidos y cuando regresó a Egipto abrazó el fundamentalismo. Avanzó muy rápidamente dentro de la Hermandad y fue embajador en Siria y Jordania antes de convertirse en editor de la revista oficial de la Hermandad en 1954. Sin

---

[73] Dietl, p. 32.

embargo, tras el "intento de asesinato" de Nasser fue detenido con muchos de sus compatriotas, cruelmente torturado y condenado a quince años en un campo de trabajo. Un año después, un representante de Nasser le ofreció la amnistía si no pedía perdón. Qutb se negó y permaneció en prisión, estudiando y escribiendo sobre el papel del Islam en el mundo moderno. Desarrolló la doctrina de que, según el islam, los Estados árabes modernos, como Egipto, están invadidos por *la Jahiliyyah*, que es un término traducido como *barbarie*, principalmente relacionado con la influencia de la cultura y los sistemas políticos occidentales. Qutb escribió:

"No es función del Islam transigir con los conceptos de la Jahiliyya vigentes en el mundo ni coexistir en la misma tierra junto con un sistema jahili... Deriva su sistema y leyes y regulaciones y hábitos y normas y valores de una fuente distinta a Allah. Por otro lado, el Islam es sumisión a Allah, y su función es alejar a la gente de la Jahiliyyah hacia el Islam. La Yahiliyyah es la adoración de unos por otros; es decir, unos se convierten en dominantes y dictan leyes para otros, sin importarles si estas leyes son contrarias a los mandatos de Allah y sin importarles el uso o mal uso de su autoridad. El Islam, por otro lado, consiste en que la gente adore sólo a Alá, y derive conceptos y creencias, leyes y reglamentos de la autoridad de Alá, y se libere de la servidumbre a los siervos de Alá. Esta es la naturaleza misma del Islam y la naturaleza de su papel en la tierra. El Islam no puede aceptar ninguna mezcla con la Jahiliyyah. O permanece el Islam, o la Jahiliyyah; no es posible una situación a medias. El mando pertenece a Alá, o de lo contrario a la Jahiliyyah; prevalecerá la Shari'ah de Alá, o de lo

contrario los deseos de la gente..."[74]

Qutb creía que los Estados árabes gobernados por cualquier otra cosa que no fuera la ley islámica *de la Sharia* estaban comprometidos por la *Jahiliyyah*, y abogaba por el uso violento de la fuerza para derrocar los sistemas políticos, especialmente el régimen de Nasser en Egipto, con el fin de erradicar *la Jahiliyyah*. Qutb escribió: "*El principal deber del Islam es deponer a la Jahiliyyah del liderazgo del hombre*".[75]

En 1964 Qutb fue indultado y puesto en libertad ante la insistencia del jefe de Estado iraquí que estaba de visita. Qutb publicó entonces la que quizá sea su obra más importante, un libro titulado *Milestones*. Nasser utilizó el lenguaje militante del libro como excusa para encarcelar de nuevo a Qutb. Al mismo tiempo, temeroso de un complot de la Hermandad reorganizada contra su régimen, Nasser detuvo también a otros 20.000 presuntos miembros de la Hermandad. El 29 de agosto de 1966, Nasser dio un escarmiento a Sayed Qutb y lo ejecutó en la horca.

A lo largo de su vida, Sayed Qutb publicó 24 libros y un comentario del Corán en 30 volúmenes. En la actualidad, su obra inspira a los musulmanes fundamentalistas de Egipto y de todo el mundo, y su vida se considera un excelente ejemplo islámico de cómo comportarse ante la persecución y las dificultades.

---

[74] Extracto de *El derecho a juzgar*, de Sayed Qutb.

[75] Extracto de *El derecho a juzgar*, de Sayed Qutb.

Otro de los "altavoces" de la primera generación de militantes islamistas revolucionarios fue Mustafa al-Sibai. Nació en Siria y se educó en la preeminente universidad islámica de Al-Azhar en El Cairo, Egipto. Allí se vinculó a los Hermanos Musulmanes. Fue encarcelado durante un tiempo por los británicos y, tras regresar a Siria, fue detenido y encarcelado de nuevo por sus constantes actividades revolucionarias, esta vez por los franceses. En 1946, tras cumplir su condena, Mustafa al-Sibai formó la Sociedad de los Hermanos Musulmanes de Siria como rama subordinada a la base egipcia.

La carrera de Al-Sibai en Siria tuvo finalmente bastante éxito. Se doctoró en derecho islámico y comenzó a enseñar árabe y religión en Damasco. En 1951 contrajo matrimonio en el seno de una poderosa familia de Damasco. Viajó por Occidente, publicó libros, dio conferencias y ayudó a dirigir los Hermanos Musulmanes hasta su muerte en 1964.[76] Al-Sibai fue uno de los portavoces más elocuentes del movimiento islámico y tenía un gran conocimiento de lo que ocurría en Oriente Próximo. En uno de sus muchos artículos escribió sobre los intereses comerciales occidentales en tierras árabes:

Son la razón directa de la intervención extranjera en los asuntos internos del país y son el gran obstáculo para la realización de la independencia y la dignidad. Por un lado, las concesiones [petroleras] son el legado de los turcos; por otro, las concesiones se otorgaron bajo la velada afirmación de que serían económicamente buenas

---

[76] Dietl, pp.37-39.

para el país y el pueblo. Pero la historia ha demostrado que tales empresas constituyen el principio del colonialismo.[77]

Se considera que el padre del movimiento islámico de Pakistán es Abul Ala Maududi. Nacido en 1903, alcanzó influencia por primera vez en 1937, cuando se convirtió en director del Instituto Islámico de Investigación de Lahore. Cuando Pakistán se convirtió en nación en 1948, se opuso al carácter laico del gobierno británico, por lo que fue encarcelado en 1948 y de nuevo en 1952. El logro más duradero de Maududi, además de sus ochenta libros y folletos publicados, es su organización **Jamaat-e Islami,** o **Sociedad Islámica**. Maududi y su grupo mantuvieron estrechos vínculos con los Hermanos Musulmanes y Dietl escribe que *"ambas organizaciones siguen considerándose ramas del mismo movimiento. En ocasiones, los Hermanos Musulmanes incluso reconocieron a Maududi como sucesor legal de sus ideólogos al-Banna y Sayed Qutb"*.[78]

Maududi es bien conocido por su articulación del Estado islámico ideal, y su definición es aceptada por la mayoría de los musulmanes dentro del movimiento islamista militante. En el siguiente pasaje comenta la democracia:

La diferencia entre la democracia islámica y la democracia occidental es, por supuesto, la siguiente: mientras que la segunda se basa en la concepción de la soberanía del pueblo, la primera se basa en el principio

---

[77] Dietl, p. 38.

[78] Dietl, p. 42.

del califato [liderazgo] del pueblo. En la democracia occidental, el pueblo es soberano; en el Islam, la soberanía reside en Dios, y el pueblo es su califa o súbdito. En Occidente, el pueblo hace la ley; en el Islam, el pueblo debe seguir y obedecer las leyes que Dios comunicó a través de sus profetas. En un sistema, el gobierno lleva a cabo la voluntad del pueblo; en el otro, el gobierno y el pueblo juntos deben traducir las intenciones de Dios en hechos. En resumen, la democracia occidental es una especie de autoridad absoluta que ejerce su poder libremente y de forma incontrolada, mientras que la democracia islámica está sujeta a la ley divina y ejerce su autoridad en armonía con los mandatos de Dios y dentro del marco establecido por Dios.[79]

El último de los ideólogos islámicos revolucionarios en el que nos centraremos es un iraní llamado Ali Shariati. Aquí hay otra conexión concreta entre el movimiento islámico y la masonería, porque el propio Ali Shariati era masón. Su padre, Muhammad Taqi Shariati, también era masón y, al menos en una época, agente de la división del Lejano Oriente de la inteligencia británica.[80]

Ali Shariati nació en 1934. Fue a la escuela en Mashad y creció a la sombra de su padre, que dirigía un centro islámico revolucionario llamado **Centro para la Propagación de la Verdad Islámica**. Tras el derrocamiento del Primer Ministro Mossadegh y la llegada del Sha al poder, Ali Shariati se unió al

---

[79] Dietl, p. 43.

[80] Dreyfuss, pp. 106-108 (extracto); *What Really Happened In Iran*, Dr. John Coleman, 1984, p. 24

Movimiento Nacional de Resistencia. En 1957 fue detenido con su padre y un puñado de activistas y pasó seis meses en prisión.

La familia Shariati tenía amigos poderosos en las altas esferas y Ali fue admitido en la prestigiosa Universidad de la Sorbona, en Francia. Allí comenzó sus estudios en 1960 y se doctoró en sociología e historia islámica. Durante su estancia en Francia conoció y quedó cautivado por un grupo de intelectuales elitistas conocidos como los *Existencialistas*. Este grupo de escritores anticapitalistas y antimaterialistas incluía a Jean-Paul Sartre, Frantz Fanon, Albert Camus, Jacques Berque, Louis Massignon y Jean Cocteau. Shariati también desarrolló un gran aprecio por muchas ideas marxistas.

Shariati regresó a Irán en 1965 y fue detenido inmediatamente. Se sabía que había participado en grupos que pretendían derrocar al sha durante su estancia en Francia, y que había ayudado a crear el Frente Nacional Iraní para Europa. Sin embargo, fue puesto en libertad de inmediato y posteriormente aceptó un trabajo como profesor cerca de Mashad. Durante los cinco años siguientes se dedicó a escribir, a promover su visión del Islam y a cultivar lazos con los Hermanos Musulmanes y otros grupos de resistencia.

A principios de la década de 1970, el Dr. Shariati comenzó a dar conferencias sobre política y religión, promoviendo públicamente sus escritos e impulsando sus opiniones diametralmente opuestas a las del sha, que estaba desarrollando infraestructuras industriales, impulsando el desarrollo económico y abogando por una educación laica moderna. Shariati escribió: "*Vamos *amigos, abandonemos Europa, dejemos esta nauseabunda y apática imitación de Europa. Dejemos atrás esta Europa que siempre habla de humanidad pero destruye a los seres humanos dondequiera que los encuentra".*[81]

El ayatolá Jomeini nunca habría tenido éxito de no ser por la constante agitación de Shariati contra el sha, realizada bajo una apariencia intelectual y centrada en los estudiantes y fundamentalistas de Irán. Durante un tiempo, Shariati fue considerado el orador más influyente en los foros de Teherán. Dietl escribe:

La importancia de Shariati demuestra que la revolución iraní no sólo fue impulsada por los viejos mulás y ayatolás, sino también por una juventud agitada que, en cierta medida, se vio influida por otros modelos. Hasta 5.000 oyentes asistieron a las conferencias públicas impartidas por Shariati. Sus escritos se distribuyeron por centenares de miles, aunque la detención y la tortura eran la pena por poseerlos. A menudo, el modesto y callado Shariati hablaba durante todo el día y luego mantenía debates hasta bien entrada la noche. Después de haber dado más de 100 conferencias, la SAVAK [policía secreta] intentó detenerlo, pero Shariati escapó; se entregó a la policía sólo después de que hubieran tomado a su padre como rehén. Durante dos años sufrió torturas atroces en la prisión de Komiteh.

Tras su liberación, no se le permitió ejercer ninguna actividad docente ni mantener contactos conspirativos.

---

[81] Dreyfuss, pp. 106-108.

La policía secreta seguía todos sus movimientos.[82]

Finalmente, en 1976 Ali Shariati pudo escapar a Londres y allí, mientras esperaba para coger un avión y reunirse con miembros de su familia en Estados Unidos, murió de una embolia cerebral. La acusación habitual, ahora casi universalmente aceptada, es que agentes de la SAVAK asesinaron a Shariati con el uso de un dardo envenenado sumergido en veneno de cobra. Lo cierto es que, aunque el sha odiaba al Dr. Shariati y las filosofías represivas que propugnaba, nunca se ha demostrado la causa de la embolia cerebral de Shariati.

Hasan al-Banna predijo tres generaciones antes de que el movimiento islámico se apoderara de Oriente Próximo. Dijo que la primera generación exigiría "oyentes" y él, Sayed Qutb, Mustafa al-Sibai, Abul Ala Maududi y Ali Shariati fueron algunos de los estrategas más destacados que sentaron las bases ideológicas del movimiento islamista moderno. Al-Banna predijo que la siguiente sería una generación de "lucha".

---

[82] Dietl, p. 45.

II. Creación del "arco de crisis

En la década de 1970, los intelectuales elitistas y las instituciones globalistas se centraron en el crecimiento demográfico y el desarrollo industrial como dos de los enemigos más acuciantes de la raza humana. Las Naciones Unidas, el Club de Roma, los Institutos Tavistock y Aspen y muchas otras organizaciones que servían de portavoces de las élites gobernantes empezaron a gritar que el medio ambiente estaba siendo destruido y que la industrialización se estaba convirtiendo en una terrible amenaza. La tecnología, la ciencia y el progreso humano estaban cayendo en desgracia. Las élites consideraban que los recursos de la Tierra eran de su propiedad y no querían compartirlos con un Tercer Mundo emergente y en desarrollo.

Lord Bertrand Russell fue uno de los más importantes de estos "humanistas" antihumanos que abogaban por un retorno a la Edad Media. Creía que *"la población blanca del mundo pronto dejará de aumentar. Las razas asiáticas tardarán más, y los negros aún más, antes de que su tasa de natalidad descienda lo suficiente como para que su número sea estable sin ayuda de guerras y pestes. Hasta que eso ocurra, los beneficios a que aspira el socialismo sólo podrán realizarse parcialmente, y las razas menos prolíficas tendrán que defenderse **por métodos que son repugnantes aunque sean necesarios.**"*

Russell también era partidario de un gobierno mundial: *"Ya he hablado del problema de la población, pero hay que añadir unas palabras sobre su aspecto político. .... Será imposible sentir que el mundo está en un estado satisfactorio hasta que haya un cierto grado de igualdad,* *y una cierta aquiescencia en todas partes en el poder del Gobierno Mundial, y esto no será posible **hasta que las naciones más pobres del mundo hayan llegado a ser ... más o menos estacionarias en población.** La conclusión a la que nos llevan los hechos que hemos estado considerando es que, si bien las grandes guerras no pueden evitarse hasta que haya un Gobierno Mundial, un Gobierno Mundial no puede ser estable **hasta que cada país importante tenga una población casi estacionaria.***" Para Russell, el control de la población era un requisito previo para el Gobierno Mundial.[83]

Ya en 1947, un destacado científico australiano sugería, en un informe secreto al Departamento de Defensa australiano, que "*...la contraofensiva más eficaz a la amenaza de invasión por parte de países asiáticos superpoblados se dirigiría a la **destrucción por medios biológicos o químicos de los cultivos alimentarios tropicales** y a la **diseminación de enfermedades infecciosas** capaces de propagarse en condiciones tropicales, pero no australianas*". Este científico loco arquetípico era Sir Frank MacFarlane Burnet, nombrado caballero por la corona británica en 1951 y ganador de un Premio Nobel en 1960.[84]

En 1968, Paul Ehrlich, biólogo de Stanford y admirador de Bertrand Russell, escribió el éxito de ventas ***La bomba demográfica***. Escribió: "*Un cáncer es una multiplicación incontrolada de células; la explosión*

---

[83] Russell cita a los "maltusianos" más arriba.

[84] "*El ganador del Nobel apoyó la guerra biológica como forma de control de la población*", de The Interim, abril de 2002.

*demográfica es una multiplicación incontrolada de personas....". Debemos pasar del tratamiento de los síntomas a la extirpación del cáncer. **La operación exigirá muchas decisiones aparentemente brutales y despiadadas".** En su libro abogaba por introducir productos químicos anticonceptivos en los suministros alimentarios del mundo.[85]

Sir Julian Huxley, científico e intelectual británico que desempeñó un papel destacado en la creación de la Organización de las Naciones Unidas para la Educación, la Ciencia y la Cultura (UNESCO), tenía opiniones muy parecidas. Consideraba que los avances científicos, como la penicilina, el DDT y la purificación del agua, eran un arma de doble filo. Escribió: *"Podemos y debemos dedicarnos con devoción verdaderamente religiosa a la causa de asegurar una mayor plenitud a la raza humana en su destino futuro. Y esto implica **un ataque furioso y concertado** al problema de la población; porque el control de la población es... un requisito previo para cualquier mejora radical de la suerte humana."*[86]

Las opiniones extremistas de Huxley han permanecido en el seno de las Naciones Unidas y se pusieron de manifiesto en la primera Cumbre de la Tierra del mundo, la Conferencia de Estocolmo sobre el Medio Humano de 1972. Maurice Strong fue elegido para organizar esta conferencia por el Secretario General de la ONU, U Thant, y al año siguiente fue nombrado responsable del

---

[85] "Malthusianos".

[86] Julian Huxley, "Ensayos de un humanista", 1964.

recién creado Programa de las Naciones Unidas para el Medio Ambiente.

1972 fue también el año en que el Club de Roma publicó su infame informe *Los límites del crecimiento*. Este informe, respaldado por investigaciones realizadas por el Instituto Tecnológico de Massachusetts, concluía básicamente que había que detener la industrialización para salvar al planeta de una catástrofe ecológica. Desde entonces, incluso los más fieles admiradores del Club, como Maurice Strong, han admitido que el informe era "prematuro" y no tenía en cuenta los avances tecnológicos.[87]

El Club de Roma ha sido uno de los grupos más influyentes en la promoción de un gobierno mundial desde su creación en 1970 por el Dr. Alexander King, científico y diplomático británico, y Arelio Peccei, industrial italiano. En 1973, el Club publicó un informe titulado *Regionalized and Adaptive Model of the Global World System*, que presentaba un modelo de sistema de gobierno mundial único subdividido en diez regiones.

El *Instituto Aspen* es otro importante think tank globalista. Fue creado en 1949 por tres habitantes de Chicago: un hombre de negocios, el presidente de la Universidad de Chicago y uno de sus profesores. La Universidad de Chicago se fundó con dinero de Rockefeller, y el Instituto Aspen siempre ha existido dentro de la esfera de influencia de Rockefeller. Uno de los momentos culminantes de la historia del Instituto

---

[87] Strong, p. 119.

Aspen fue una conferencia sobre *"Tecnología: Objetivos sociales y opciones culturales"* en 1970 que allanó el camino para la Cumbre de la Tierra de la ONU en Estocolmo en 1972.

El Fondo Mundial para la Naturaleza es otra institución racista elitista que se disfraza de organización humanitaria ecologista. Fue creado por el Príncipe Felipe de Inglaterra, esposo de la Reina. Se tiene constancia de que dijo que si se reencarnaba le gustaría volver como un virus asesino, para ayudar a resolver el problema de la superpoblación. Desde entonces, otros directivos del WWF han expresado la misma preocupación por la superpoblación.[88]

El Dr. Arne Schiotz, director del WWF, ha declarado: *"Malthus ha sido reivindicado, la realidad por fin está alcanzando a Malthus. El Tercer Mundo está superpoblado, es un desastre económico y no hay forma de salir de él con esta población en rápido crecimiento. Nuestra filosofía es: volver a la aldea".*

Sir Peter Scott, ex presidente del WWF, advirtió: *"Si miramos las cosas causalmente, **el mayor problema del mundo es la población**. Debemos poner un límite al número de seres humanos. Toda la ayuda al desarrollo debe supeditarse a la existencia de sólidos programas de planificación familiar."*

Thomas Lovejoy, antiguo vicepresidente de WWF, lo expresó sin rodeos: "Los **mayores problemas son los**

---

[88] "Malthusianos".

malditos sectores nacionales de estos países en desarrollo. Estos países creen que tienen derecho a desarrollar sus recursos como les parezca. Quieren convertirse en potencias".

Estas opiniones represivas son sostenidas incluso por algunos de los directivos más importantes de las instituciones financieras mundiales. Fritz Lutweiler, presidente del Banco de Pagos Internacionales (sede de la banca mundial), ha declarado: "*Significa **la reducción de los ingresos reales en países donde la mayoría de la población ya vive al nivel mínimo de existencia o incluso por debajo de él**. Es difícil, pero no se puede ahorrar este difícil camino a los países altamente endeudados. Es inevitable".*[89]

Robert McNamara, presidente del Banco Mundial, advirtió: "*Sólo hay dos formas posibles de evitar un mundo de 10.000 millones de personas. O bien las tasas de natalidad actuales disminuyen más rápidamente. O las tasas de mortalidad actuales deben aumentar. No hay otro camino. Por supuesto, hay muchas formas de aumentar la tasa de mortalidad. En una era termonuclear, la guerra puede lograrlo de forma muy rápida y decisiva. El hambre y las enfermedades son antiguos frenos naturales al crecimiento demográfico, y ninguno de ellos ha desaparecido de escena.... En pocas palabras: El **crecimiento excesivo de la población es el mayor obstáculo para el progreso económico y social** de la mayoría de las sociedades del mundo en*

---

[89] "Malthusianos"

desarrollo".[90]

En última instancia, estas opiniones fueron aceptadas por la clase dirigente de la política exterior estadounidense. En 1974, el Secretario de Estado Henry Kissinger presentó el National Security Study Memorandum 200 (NSSM 200) titulado *"Implications of Worldwide Population Growth for U.S. Security and Overseas Interests"*. La conclusión:

*"El crecimiento de la población mundial es ampliamente reconocido dentro del Gobierno como **un peligro actual de la más alta magnitud** que exige medidas urgentes..... Existe un gran riesgo de que se produzcan graves daños [a causa del rápido crecimiento demográfico continuado] en los sistemas económicos, políticos y ecológicos mundiales y, cuando estos sistemas empiecen a fallar, en nuestros valores humanitarios."*

El NSSM 200 debía haberse hecho público en 1979, pero se mantuvo en secreto hasta 1989. Durante su carrera Kissinger se aseguró de que el control de la población siguiera siendo una piedra angular de su estrategia de política exterior, y después de él su socio ideológico Zbigniew Brzezinski impulsó la misma agenda en la administración Carter. Ambos están estrechamente relacionados con la familia Rockefeller, y ambos habían estudiado con William Yandell Elliott, profesor de Harvard formado en Oxford y aliado de los británicos.

El WorldWatch Institute se creó en 1974, durante la

---

[90] "Malthusianos".

misma época en que se promovía el NSSM 200 en el establishment de la política exterior estadounidense, con una subvención del Rockefeller Brothers Fund. Desde 1984 su publicación anual *"State of the World"* es siempre destacada por los medios de comunicación, y sus cientos de documentos e informes pseudocientíficos alarmistas han sido utilizados como munición en la guerra izquierdista y elitista contra la industrialización desde entonces.

Como relatamos en la primera parte de este estudio, el primer ataque al Tercer Mundo se produjo en forma de una premeditada subida masiva de los precios del petróleo en relación con la guerra del Yom Kippur de 1973. Las economías no pueden desarrollarse sin suministro energético, y la cuadruplicación de los precios de la energía supuso un duro revés para naciones como India, Brasil, Pakistán, Indonesia y México. Entonces, cuando el presidente Bhutto de Pakistán intentó sortear la situación desarrollando la energía nuclear, Kissinger le amenazó diciendo: *"¡Te daremos un escarmiento!"*.[91]

El Sha de Irán, a pesar de que su nación disponía de abundantes reservas de petróleo, también inició un programa para desarrollar la energía nuclear. Ambos líderes fueron rápidamente eliminados.

Con la subida de los precios de la energía se frenó el desarrollo del Tercer Mundo, pero Oriente Medio árabe se enriqueció enormemente. Fue entonces cuando los

---

[91] Biografía de Zulfikar Ali Bhutto.

globalistas recurrieron a sus aliados, los islamistas, para remediar la situación. El Islam sería utilizado para atacar la industrialización y la modernización utilizando la mentira de que el progreso humano era anti-islámico y un complot *occidental* contra los siervos de Alá. El verdadero complot se dirigía en realidad contra las masas de piel morena de Oriente Próximo que estaban experimentando brevemente un cambio positivo en su calidad de vida en términos de educación, empleo, vivienda, saneamiento y nutrición. Sin embargo, los defensores religiosos e intelectuales de la ignorancia, la suciedad y la violencia unieron sus fuerzas para devolver al próspero Oriente Próximo a la Edad Media.

En Inglaterra, la **Fundación Islámica fue creada** en 1973 por el profesor Kurshid Ahmad en Leicester como rama de *Jamaat-e Islami*. Cuando el general Zia tomó el poder en Pakistán, nombró a Ahmad ministro de Economía.[92] También en 1973 se creó el **Consejo Islámico de Europa**, con sede en Londres. El Secretario General del Consejo fue durante mucho tiempo un destacado hermano musulmán llamado Salem Azzam, sobre el que volveremos más adelante.[93]

Otro proyecto fue "**El Islam y Occidente**", iniciado en Cambridge en 1977 con el hermano musulmán y ex primer ministro sirio Maarouf Dawalibi en colaboración con Peccei, del Club de Roma, y Lord Caradon, de Gran Bretaña, junto con la **Federación Internacional de Estudios Avanzados del** Dr. Alexander King. "El Islam

---

[92] Dietl, p. 72.

[93] El Islam en las Islas Británicas, una cronología.

y Occidente" reunía un esbozo de política que definía efectivamente al Islam como una religión retrógrada en lucha con la ciencia y la tecnología. Los globalistas estaban decididos a promover únicamente la versión minoritaria represiva antioccidental del islam y los Hermanos Musulmanes eran la clave para vender esta visión al mundo.[94]

En Irán, los miembros del Instituto Aspen y del Club de Roma se relacionaron directamente con los opositores ideológicos al régimen del sha. Ali Shariati, Abolhassan Bani-Sadr y muchos de los principales educadores de las universidades iraníes entraron en su círculo de influencia. La campaña de desestabilización de los globalistas contra el sha está documentada en el libro de Robert Dreyfuss *Rehén de Jomeini*, del que puede leerse una parte en el sitio web dedicado al ex primer ministro iraní Amir Abbas Hoveyda.

Para el derrocamiento del sha fue crucial la rama iraní de los Hermanos Musulmanes conocida como **Fedayeen-e Islam**, que se había creado en la década de 1940. Estaba dirigida por el fanático ayatolá Jalkali, y el ayatolá Jomeini fue miembro de ella durante mucho tiempo. Los estudiantes que tomaron la embajada estadounidense en Teherán tras el derrocamiento del sha, tomando decenas de rehenes estadounidenses, también eran miembros de la Fedayin-e Islam. Khalkali pudo ejercer personalmente su poder político durante la revolución iraní al presidir como juez los juicios de miles de presos políticos,

---

[94] Dreyfuss, extracto.

condenando a muerte a la mayoría de ellos.[95]

La Fedayin-e Islam también controlaba la producción de opio y la red de contrabando de drogas de Irán que, hacia el final del reinado del sha, se había visto cada vez más amenazada por la campaña antidroga del sha, que tuvo un gran éxito. Tras la llegada de Jomeini al poder, Jalkali fue nombrado cínicamente jefe del programa nacional antidroga de Irán y, bajo su supervisión, la producción de opio se disparó. Según las sentencias de Jomeini, recopiladas desde entonces y traducidas al inglés, *"el vino y todas las demás bebidas embriagantes son impuras, pero el opio y el hachís no lo son"*.[96]

En Pakistán, los Hermanos Musulmanes, bajo la forma de Jamaat-e Islami, apoyaron el derrocamiento del primer ministro Zulfikar Ali Bhutto por el general Zia ul-Haq. Bhutto era odiado por los globalistas británicos por retirar a Pakistán de la Commonwealth británica, aplicar políticas nacionalistas, inclinarse hacia los soviéticos y tratar de desarrollar la energía nuclear. Cuando el general Zia anunció la condena a muerte de Bhutto, los jefes de Estado de cincuenta y cuatro países protestaron oficialmente contra la sentencia. Zia siguió adelante y ejecutó a Bhutto en 1979 sólo después de recibir garantías del jefe del Jamaat-e Islami de que la ejecución no provocaría disturbios internos.[97] En los años siguientes, el Jamaat-e Islami se convirtió en el principal apoyo de Zia y la nación se vio abocada a un brutal

---

[95] Dreyfuss, pp. 72-83.

[96] Dreyfuss, pp. 92-95.

[97] 1979 en la historia de Pakistán (véase el 3 de abril).

proceso de islamización.

En Afganistán, la CIA, empujada por la Inteligencia británica, empezó a financiar a los opositores islámicos del régimen prosoviético incluso antes de la invasión soviética. El consejero de Seguridad Nacional del presidente Carter, Zbigniew Brezinski, abogó por la subversión para *provocar* la invasión soviética que se produjo el 24 de diciembre de 1979.[98] El general Zia y el Jamaat-e Islami de Pakistán fueron dos elementos cruciales para el éxito de la revuelta muyahidín en Afganistán. Su toma de Pakistán fue una parte necesaria del plan para arrastrar a los soviéticos al conflicto afgano. Como se relató en la primera parte, un señor de la guerra afgano afiliado a los Hermanos Musulmanes llamado Gulbuddin Hekmatyar se convirtió en el principal receptor de la ayuda militar estadounidense, a pesar de sus conocidas opiniones antioccidentales y su visión radical del Islam.

(Cuando el Congreso estadounidense actuó finalmente para poner fin a esta ayuda ya era demasiado tarde. Hekmatyar alcanzó la cima de su éxito en 1993-1994 y también en 1996, cuando fue primer ministro de Afganistán. Finalmente fue expulsado de Afganistán por los talibanes, pero hoy está de vuelta, agitando contra el nuevo gobierno de Hamid Karzai. En mayo de 2002, los británicos se encargaron de patrullar la zona donde Hekmatyar tenía su base en la Operación Buzzard. El objetivo declarado era la supresión de las fuerzas de Hekmatyar, pero Hekmatyar sigue en libertad y sus fuerzas son sospechosas de haber participado en

---

[98] Entrevista con Brzezinski.

recientes atentados terroristas en Kabul. Quizás el objetivo declarado de la Operación Buzzard no era el objetivo real).

En Egipto, los Hermanos Musulmanes experimentaron un resurgimiento después de que el presidente Sadat empezara a suavizar las restricciones contra la organización a principios de los años setenta. Públicamente, los Hermanos Musulmanes intentaron suavizar su imagen para convertirla en la de una organización islámica "moderada", pero entre bastidores engendraron una serie de grupos extremistas violentos. La Yihad Islámica, el Grupo Islámico y Takfir wal Hejra son sólo algunos de los grupos terroristas interrelacionados que comenzaron a agitar más abiertamente contra Sadat después de que firmara el histórico acuerdo de paz de Camp David con Israel en 1978. Militantes asociados a estos grupos asesinaron a Sadat en 1981 y se declaró la ley marcial mientras el nuevo líder, el presidente Mubarak, emprendía una enérgica represión contra los islamistas.

En Siria, los Hermanos Musulmanes se rebelaron contra el régimen de Assad y tomaron la ciudad de Hamah. El asedio del gobierno sirio contra el bastión de la Hermandad duró tres semanas. 6.000 soldados y 24.000 civiles murieron en los intensos combates y, tras ellos, otros 10.000 residentes fueron detenidos y recluidos en campos de internamiento. Posteriormente, el gobierno sirio mostró pruebas de que las fuerzas de la Hermandad Musulmana habían sido armadas por Occidente.

Esta explosión de violencia en todo Oriente Medio a finales de los 70 y principios de los 80 fue denominada por Zbigniew Brzezinski como el **"Arco de la Crisis"**.

No fue algo que ocurriera por casualidad, sino que de hecho fue el resultado del plan deliberado desarrollado por los estrategas globalistas como el Dr. Alexander King, Henry Kissinger, Zbigniew Brzezinski y el operativo británico Dr. Bernard Lewis. El "Arco de Crisis" de Oriente Medio no fue una conflagración interna espontánea, fue algo que surgió como resultado de la política occidental aliada con los Hermanos Musulmanes. Sin la ayuda de Occidente, el islam radical habría seguido siendo el movimiento minoritario ilegítimo y represivo que siempre ha sido, y Oriente Próximo habría permanecido estable y próspero.

III. La Hermandad Musulmana Sucursales

Al comienzo de la Segunda Guerra Mundial, la Hermandad Musulmana adquirió un enorme prestigio cuando se le unieron miembros de la influyente familia Azzam de Egipto. Abdel-Rahman era el más famoso de estos Azzam, y toda su vida había estado al servicio del Imperio Británico. Después de la Primera Guerra Mundial había trabajado con la Inteligencia británica para ayudar a organizar el trabajo político de la Hermandad Senussi de Libia.[99] Su trabajo tuvo mucho éxito y el jefe de la Hermandad Senussi fue proclamado rey de Libia en una ceremonia de la ONU en 1951. (El rey Idris I, al principio un favorito del Imperio Británico, gobernó Libia hasta que fue derrocado por Moammar Khaddafi en 1969. La propia organización revolucionaria de Khaddafi se había establecido en Londres en 1966,[100] , pero su régimen cayó rápidamente en desgracia con los británicos).

Tras la Segunda Guerra Mundial, Abdel-Rahman Azzam se convirtió en el primer Secretario General de la **Liga de Estados Árabes,** patrocinada por Gran Bretaña. El prestigio de Azzam queda demostrado por el hecho de que su hija Muna estuviera casada con Mohammed, el

---

[99] *Rehén de Jomeini* Dreyfuss, p. 133.

[100] *Libia: historia,*

http://gbgm-umc.org/country_profiles/country_history.cfm?Id=71

hijo mayor del rey Faisal de Arabia Saudí.[101]

En 1955, después de que el general Nasser reprimiera a los Hermanos Musulmanes, la organización trasladó su base de operaciones a Londres y Ginebra. La base de Ginebra estaba bajo el control de Said Ramadan, casado con la hija de Hasan al-Banna. Ramadan creó el **Instituto de Estudios Islámicos** y, bajo su control, Ginebra se convirtió en una importante base islámica en Europa. Hoy en día, el rey Fahd de Arabia Saudí acude a Ginebra cada vez que siente que su vida corre peligro en el reino. La siguiente historia demuestra las íntimas conexiones de Ramadán con la clandestinidad islamista mundial:

Poco después de la revolución iraní, un hombre llamado Ali Akbar Tabatabai se convirtió en la voz más importante de la oposición al régimen de los ayatolás. Bajo el Shah había sido consejero de información en la embajada iraní en Washington D.C. y tras la caída del Shah había creado la Fundación para la Libertad de Irán. En julio de 1980 fue asesinado por David Belfield, también conocido como Daoud Salahuddin. Belfield era un musulmán negro que formaba parte de una banda relacionada con Bahram Nahidian, que tenía fama de ser el jefe en Washington del servicio secreto de los ayatolás (Savama). Menos de dos horas después del asesinato, Belfield hizo una llamada de persona a persona a Said Ramadan en Ginebra y, a continuación, utilizando varios pasaportes diferentes, huyó de Estados Unidos con

---

[101] *Biografía* de Ayman al-Zawahri:
http://www.fas.org/irp/world/para/ayman.htm

destino a Suiza.[102]

Ginebra siempre ha sido una base útil para los Hermanos Musulmanes, pero su cuartel general de Londres se convirtió en el más importante. El hombre al mando allí es Salem Azzam, pariente de Abdel-Rahman Azzam. Como ya se ha mencionado, se convirtió en el jefe del Consejo Islámico de Europa que se formó en Londres en 1973 en estrecha colaboración con Said Ramadan. Dreyfuss explica el papel del Consejo: "**[El Consejo] dirige la Ikhwan [Hermandad] desde Marruecos hasta Pakistán y la India, controlando cientos de centros 'religiosos' en toda Europa Occidental y, a través de ellos, a miles de estudiantes fundamentalistas y clérigos musulmanes tanto en Oriente Próximo como en Europa.**"[103]

En 1978 se creó el **Instituto Islámico de Tecnología de Defensa** para apoyar la revolución islámica del "arco de crisis". El seminario inaugural se celebró en Londres en febrero de 1979. Debía trabajar codo con codo con la OTAN y estaba dirigido por Salem Azzam y miembros de su Consejo Islámico de Europa. Pakistán y Afganistán ocupaban un lugar destacado en el orden del día y el IIDT ayudó a coordinar los envíos masivos de armas que apoyaban las luchas de los Hermanos Musulmanes allí y en todo Oriente Próximo.[104]

Fuera de Egipto, los Hermanos Musulmanes

---

[102] Dreyfuss, pp. 174-175.

[103] Dreyfuss, p. 160.

[104] Dreyfuss, p. 164.

consiguieron crear una serie de organizaciones de fachada respetables y llegaron a ser percibidos como una institución moderada que había renunciado a la violencia. Pero dentro de Egipto, los Hermanos Musulmanes seguían comprometidos con el derrocamiento del régimen y la instauración de un Estado islámico "puro", y utilizaban el terrorismo como medio para alcanzar ese fin.

Cuando Anwar Sadat se convirtió en presidente de Egipto en 1970, inició una campaña para distanciar a su país de las políticas prosoviéticas de Nasser y realinearse con Occidente. Al principio, uno de sus oponentes más formidables en esta tarea fue el Partido de la Unidad Socialista Árabe. Sadat empezó a reconciliarse con los Hermanos Musulmanes como forma de presionar a los socialistas árabes y solidificar su régimen, y liberó a cientos de Hermanos Musulmanes de la cárcel en sus primeros años de mandato.

A lo largo de la historia de los Hermanos Musulmanes ha habido seis Guías Supremos. Al-Banna dirigió hasta su muerte en 1949. Le sucedió Hassan al-Hudaibi tras un breve periodo de caos en 1951. Al-Hudaibi dirigió hasta su muerte en 1976, sufriendo periodos de encarcelamiento durante todo el reinado de Nasser. Le sucedió Omar el-Telmisani, que murió en 1987 para ser sucedido por Hamid Abdul Nasr. Tanto Talmisani como Nasr habían sido encarcelados en 1954 durante la purga anti-Brotherhood de Nasser. Sadat liberó a Talmisani en 1971 y a Nasr en 1972. El último Guía Supremo fue Mustafa Mashhour, que asumió el cargo en 1996 y lo dirigió hasta su muerte, el 14 de noviembre de 2002. El actual Guía Supremo es Maamoun al-Hudaibi, hijo de ochenta y tres años del segundo Guía Supremo, Hassan al-Hudaibi. El Guía Supremo mantiene siempre su residencia y sus oficinas en Egipto, aunque la gran mayoría de sus miembros y la mayor parte de sus dirigentes tienen su sede en el extranjero. En su mayor parte, el Guía Supremo es una mera figura decorativa y las operaciones clandestinas de los Hermanos Musulmanes se dirigen desde Londres y Ginebra.

Sadat intentó reconciliarse con los islamistas, pero sabía que siempre podían ser una amenaza y nunca levantó la prohibición oficial del gobierno sobre la Hermandad como grupo político. Aun así, la Hermandad se convirtió rápidamente en una fuerza política. Públicamente, la Hermandad intentaba mantener una postura "moderada", pero entre bastidores estaba engendrando una serie de grupos extremistas violentos con conexiones poco sólidas.

El ***Takfir wal Hejra*** fue uno de los más importantes de estos grupos. Estaba dirigido por un antiguo miembro de los Hermanos Musulmanes, Shukri Ahmed Mustafa, y se creó a principios de los años setenta. Fue denunciado públicamente en 1975 por el diario egipcio *Al Ahram* tras la detención de varios de sus miembros. En 1977, este grupo secuestró a un ex ministro de Religión, el jeque Mohammed Hussein al-Dhahabi, y exigió la liberación de sesenta presos y 200.000 libras egipcias por su liberación. Las exigencias fueron rechazadas y se entregó el cadáver del jeque, tras lo cual se produjeron varios atentados selectivos. El 8 de julio de 1977, Mustafa, el líder del grupo, fue detenido junto con varios de sus seguidores. Mustafa y cuatro de sus cabecillas fueron ejecutados el 19 de marzo de 1978, pero su organización terrorista siguió viva.[105]

La **Organización para la Liberación Islámica** fue otra célula terrorista creada por un antiguo Hermano Musulmán, un hombre llamado Dr. Saleh Siriyya. En 1974, miembros de este grupo intentaron apoderarse de una academia militar, capturar armas y luego avanzar sobre una asamblea en la que hablaba Sadat. El plan fracasó, murieron once personas y Siriyya fue capturado y posteriormente ejecutado.[106]

En 1974, las fuerzas de seguridad descubrieron otro grupo, el **Partido Islámico de Liberación**, fundado en Jordania en los años 50 por el jeque Taghiud Din Nabhani, un hermano musulmán y juez originario de Haifa. Este grupo centraba su actividad principalmente contra Israel, pero Sadat detuvo e interrogó a los miembros del grupo que vivían en Egipto.[107]

Las dos organizaciones terroristas egipcias más importantes que fueron ramificaciones de los Hermanos Musulmanes y que siguen existiendo hoy en día son la *Jamaat al-Islamiyya,* que se traduce como **Grupo Islámico**, y **la Yihad Islámica Egipcia**, también conocida simplemente como *Yihad* o *al-Yihad*. Ambos estuvieron estrechamente implicados en el asesinato del presidente Anwar Sadat.

La *Jamaat al-Islamiyya* se creó en 1971 para agitar

---

[105] Dietl, pp. 64-66.

[106] Dietl, p. 66.

[107] Dietl, p. 67.

contra Sadat por su cooperación con el libio Gadafi. Estaba dirigida por el hermano musulmán Dr. Hilmi al-Gazzar e inicialmente se abstuvo de la violencia y se centró en el activismo dentro de las universidades, pero esto pronto cambiaría. Más tarde, un jeque ciego llamado Omar Ahmed Mohammed Abdel Rahman se convirtió en el líder de la organización.[108]

El otro grupo destacado, **la Yihad Islámica**, salió a la luz por primera vez en 1977, cuando *Al Ahram* informó de la detención de ochenta miembros de esta organización de lucha. Uno de los miembros de la Yihad Islámica en aquel momento era Ayman al-Zawahiri, un joven musulmán de clase alta emparentado con los Azzam. Su abuela era hermana del ilustre Abdel-Rahman Azzam mencionado anteriormente, y su tío era Salem Azzam, del Consejo Islámico de Europa. Zawahiri había sido detenido por primera vez en 1966, a la edad de 16 años, debido a su afiliación a los Hermanos Musulmanes, y sus opiniones militantes siguieron creciendo con el paso de los años.

A principios de 1980, la Yihad Islámica volvió a estar en el punto de mira cuando el gobierno detuvo a otros setenta miembros. El fiscal egipcio calificó a la organización de *"grupo terrorista fanático"* y dijo que estaba *"financiado desde el extranjero y provisto de armas, explosivos y equipo técnico."*[109] Sin embargo, las detenciones y la investigación no lograron impedir el

---

[108] Dietl, p. 67.

[109] Dietl, p. 68, véase también la biografía de Zawahiri.

atentado terrorista definitivo. Dietl lo describe,

"El grupo Yihad volvió a ser noticia el 6 de octubre de 1981, cuando un comando al mando de Jaled Islambuli disparó contra el presidente Anwar el-Sadat. Tras arduas investigaciones durante el verano de 1982, se supo en El Cairo que el grupo Yihad formaba parte de la gran empresa familiar de los Hermanos Musulmanes. Cuando pregunté, la Hermandad Musulmana me lo reconoció. Mientras tanto, en una declaración unánime, el grupo Yihad "condenó a muerte" al sucesor de Sadat, Mubarak. En septiembre de 1982, los tres dirigentes más importantes del grupo Yihad fueron localizados y detenidos."[110]

Justo dos años antes del asesinato de Sadat, el Comité Internacional de los Hermanos Musulmanes había celebrado una cumbre en Londres. Dirigentes de la Hermandad procedentes de Egipto, Sudán, Jordania, Pakistán y Afganistán convergieron, junto con el jefe de los servicios secretos de Arabia Saudí, para debatir los recientes logros en Pakistán e Irán, así como el futuro de Afganistán, Siria y Egipto.[111]

En Egipto, Sadat había seguido reconciliándose con los Hermanos Musulmanes. En 1978 permitió que volviera a distribuirse la publicación de los Hermanos Musulmanes *Al Dawa*. En 1979 incluso se reunió con el Guía Supremo Omar el-Telmisani en dos ocasiones, pero el diálogo no fructificó y los Hermanos Musulmanes

---

[110] Dietl, p. 68.

[111] Dietl, p. 61.

continuaron sus agresivos ataques contra Sadat, tanto en la prensa como en las mezquitas. Finalmente, pocas semanas antes de que Sadat fuera asesinado, hizo detener a el-Telmisani y se prohibió la distribución de *Al Dawa*.

Cuando Sadat fue abatido, Kemal al-Sananiry era el representante más destacado de los Hermanos Musulmanes en Egipto. Fue detenido e interrogado y murió en prisión unas semanas después. El gobierno alegó que se había suicidado, pero su esposa Amina rechazó esta explicación. Era hija de Sayed Qutb.

También fue detenido, aunque posteriormente absuelto, el jeque ciego Omar Abdul Rahman. Había alentado a los autores del asesinato al declarar que el gobierno estaba dirigido por ateos y herejes. También les permitió robar para financiar su causa e incluso dictaminó que se les permitiría hacer lo que quisieran con las esposas de los funcionarios si conseguían derrocar al gobierno.[112] Años más tarde fue implicado en el atentado de 1993 contra el World Trade Center, juzgado, declarado culpable y condenado a prisión, donde ahora se encuentra. Sus dos hijos continúan la yihad como miembros de Al Qaeda y estrechos seguidores de Osama bin Laden. Aparecieron en los vídeos de Al Qaeda publicados recientemente en la CNN (véase el vídeo "*Roots of Hatred*"). El jeque Rahman sigue siendo el líder espiritual reconocido del Grupo Islámico, y sus miembros han jurado vengarse de Estados Unidos si el jeque diabético muere en su prisión estadounidense.

Ayman al-Zawahiri también fue detenido en relación con

---

[112] Dietl, p. 87.

el asesinato. Tras pasar tres años en prisión, fue puesto en libertad y pronto ascendió a la cúpula de la Yihad Islámica, de la que se hizo cargo en 1993 y a la que luego se unió con Osama bin Laden en Sudán. Tras huir de Egipto, basó sus operaciones en Ginebra (Suiza), trabajando bajo la tapadera del Centro Islámico controlado por la Hermandad Musulmana y dirigido por Said Ramadan.[113] (Con quien Malcolm X mantuvo su famosa correspondencia pocas semanas antes de ser asesinado por los Musulmanes Negros de Elijah Mohammed). Al-Zawahiri ha surgido como el supuesto "número dos" de la organización "Al Qaeda". Su hermano Muhammad al-Zawahiri se encuentra actualmente en los Balcanes dirigiendo ataques musulmanes contra Serbia y Macedonia. Los informes dicen que trabaja desde una zona de Kosovo controlada por la OTAN.[114] Estos dos hermanos de la "familia Azzam" siempre han mantenido sus conexiones con los Hermanos Musulmanes, a pesar de que Ayman ha criticado públicamente a la Hermandad por su falta de apoyo a la revolución en Egipto. Sus críticas han sido una tapadera útil para la Hermandad, que intenta mantener su fachada "moderada".

Otra figura importante de la organización Al Qaeda vinculada al asesinato de Sadat es el hermano del asesino Jaled Islambuli, ejecutado el 15 de abril de 1982. Ahmad Shawqi al-Islambuli abandonó Egipto y apareció en Karachi (Pakistán), donde ayudó a crear una red de contrabando. Posteriormente, Islambuli trabajó con Bin

---

[113] Bodansky, p. 101, p. 125.

[114] Bodansky, p. 298, informe sobre los Balcanes.

Laden en Sudán estableciendo una base militante en Somalia, y luego se convirtió en miembro del **Frente Islámico Mundial para la Yihad contra Judíos y Cruzados** de Bin Laden en 1998.[115]

La rama terrorista más reciente de los Hermanos Musulmanes es el grupo palestino **HAMAS**, que surgió como grupo independiente en 1988 con la publicación de su "*Pacto Islámico*" por el jeque Ahmed Yassin. Éste había sido el jefe de los Hermanos Musulmanes en Gaza durante varios años y su grupo se remonta a 1978, cuando se registró como una asociación islámica llamada ***Al-Mujamma Al-Islami***. En su Pacto Islámico de 1988, el grupo se describe claramente como la "*rama palestina de los Hermanos Musulmanes*".[116]

Robert Dreyfuss resume la naturaleza de la organización de los Hermanos Musulmanes en los siguientes párrafos. Estas palabras fueron escritas en 1980, pero siguen siendo igual de ciertas hoy en día:

"Los *verdaderos Hermanos Musulmanes* no son el jeque fanático con sus seguidores igualmente fanáticos, ni siquiera son los altos mulás y ayatolás que dirigen movimientos enteros de tales locos; Jomeini, Gadafi, el general Zia son marionetas exquisitamente modeladas. Los verdaderos Hermanos Musulmanes son aquellos cuyas manos nunca se ensucian con el negocio de matar

---

[115] Bodansky, p. 13, p. 405.

[116] Antecedentes y perfil de Hamás:
http://www.fas.org/irp/world/para/docs/970824.htm

y quemar.

Son los banqueros y financieros reservados que se ocultan tras el telón, los miembros de las antiguas familias árabes, turcas o persas cuya genealogía los sitúa en la élite oligárquica, con fluidas asociaciones empresariales y de inteligencia con la nobleza negra europea y, sobre todo, con la oligarquía británica. Y la Hermandad Musulmana es dinero. En conjunto, la Hermandad controla probablemente varias decenas de miles de millones de dólares en activos líquidos inmediatos, y controla miles de millones más en operaciones empresariales cotidianas de todo tipo, desde el comercio de petróleo y la banca hasta el tráfico de drogas, la comercialización ilegal de armas y el contrabando de oro y diamantes. Al aliarse con la Hermandad Musulmana, los angloamericanos no sólo están comprando un negocio de terroristas a sueldo; son socios de un poderoso imperio financiero mundial que se extiende desde cuentas bancarias suizas numeradas hasta paraísos fiscales en Dubai, Kuwait y Hong Kong".[117]

Es de esperar que el lector empiece a comprender lo pequeño que es realmente el movimiento islamista radical, lo estrechamente interconectado que está y cómo todo parece vincularse a los Hermanos Musulmanes. El panorama se aclara aún más cuando se examina de cerca la carrera de Osama bin Laden.

---

[117] Dreyfuss, pp. 164-165.

IV. Osama bin Laden: Los primeros años

Osama nació hacia 1957. Era el decimoséptimo hijo del magnate yemení de la construcción jeque Mohammed bin Oud bin Laden. Con los años, Mohammed se había establecido como amigo de confianza del rey Abdul Aziz y luego del rey Feisal de Arabia Saudí, y su empresa de construcción fue contratada para remodelar los lugares santos de La Meca y Medina, incluida la Gran Mezquita de La Meca. También recibió un contrato para reformar la mezquita de Al-Aqsa en Jerusalén en 1969.

A la muerte de Mohammed bin Laden en 1972, su familia había crecido hasta convertirse quizá en la familia no real más rica de Arabia Saudí, y su patrimonio pasó a manos de sus cincuenta y cuatro hijos. Su hijo Salem se erigió en jefe de la empresa, y después Bakr, con Abdelaziz, Ali, Yeslam y Yahya surgidos también desempeñando papeles destacados en la dirección del imperio bin Laden. Estos herederos siempre han mantenido una estrecha relación con la familia real saudí y son los responsables de formar a muchos de los príncipes saudíes más jóvenes en los entresijos de las finanzas y la industria mundiales. Mohammed bin Fahd y Saud bin Nayef son dos de los príncipes que deben a los hermanos Bin Laden su actual condición de magnates mundiales.[118] La familia real saudí siempre ha mantenido una estrecha relación con las altas esferas de la familia Bin Laden, pero no puede decirse lo mismo de algunos

---

[118] *En el nombre de Osama Bin Laden*, Roland Jacquard, 2001, pp.12-13.

de los hijos menores de Mohammed bin Laden.

El 20 de noviembre de 1979, varios centenares de militantes tomaron la Gran Mezquita de La Meca. El imán fue asesinado y en el caos miles de fieles murieron pisoteados. Los militantes tomaron cientos de rehenes y se refugiaron en los amplios sótanos bajo la mezquita. Las fuerzas saudíes reaccionaron con rapidez y lanzaron un contraataque contra los rebeldes que se encontraban en el interior, pero los militantes, bien armados y fortificados, los rechazaron con facilidad. Durante días, los rebeldes se enfrentaron a las fuerzas gubernamentales, destruyendo tanques e incluso un helicóptero que voló demasiado cerca y se estrelló contra un minarete. Finalmente, el rey Jalid recurrió al gobierno francés y las fuerzas especiales francesas llegaron con armas químicas para ahuyentar a los rebeldes. La Gran Mezquita fue finalmente liberada el 4 de diciembre. Durante dos semanas, el santuario más sagrado del Islam había sido tomado por fundamentalistas radicales. El resultado final fue la muerte de cientos de soldados gubernamentales y más de cien rebeldes, así como de la mayoría de los rehenes. El 9 de enero, sesenta y tres de los rebeldes capturados desfilaron por las principales plazas de varias ciudades árabes y fueron decapitados públicamente. Cientos más fueron detenidos e interrogados en la investigación posterior.[119]

Entre los detenidos se encontraba Mahrous bin Laden, hijo del jeque Mohammed bin Laden y hermano de Osama. En su biografía de Osama bin Laden Jacquard

---

[119] Dietl, pp. 211-227.

escribe:

"Los terroristas habían establecido contacto con Mahrous varios años antes, cuando era estudiante en Londres y contaba entre sus amigos al hijo de un dignatario de Yemen del Sur, líder de un grupo fundamentalista muy activo. Tras esta conexión universitaria, Mahrous bin Laden se relacionó con un grupo de activistas sirios de los Hermanos Musulmanes exiliados en Arabia Saudí. La investigación de los servicios secretos saudíes declaró finalmente inocente a Mahrous. La investigación declaró que, aprovechando las redes de las antiguas amistades del joven Mahrous, los terroristas habían conseguido acceder a los camiones del grupo de Bin Laden para organizar su atentado sin que el joven lo supiera."[120] p.13-14

La empresa de Bin Laden era responsable de las reformas de la Gran Mezquita, por lo que sus camiones podían entrar y salir libremente sin ser registrados. Los terroristas habían utilizado estos camiones para ayudarles a introducir armas que luego escondían en el interior de la mezquita antes de la toma del poder.

Mahrous fue declarado inocente de estar implicado en esta intriga, pero su honor quedó manchado para siempre y supo que nunca podría llegar al nivel de logros alcanzado por sus hermanos mayores. De haber sido miembro de cualquier otra familia es probable que hubiera sido ejecutado, aunque sólo fuera por tener relaciones con algunos de los fundamentalistas vinculados a los terroristas. Al final fue la familia Bin

---

[120] Jacquard, pp.13-14.

Laden la que salvó el día, porque proporcionó los planos de la mezquita que ayudaron a planear los exitosos ataques finales contra los rebeldes. Al final, la familia Bin Laden salió prácticamente ilesa de todo el asunto, con su integridad y su estrecha relación con la Casa de Saud intactas.[121]

Osama bin Laden, uno de los hijos más jóvenes de la familia Bin Laden, creció sintiéndose en cierto modo un extraño y, al igual que su hermano Mahrous, se inclinó por el islam fundamentalista. El biógrafo Adam Robinson afirma que el joven Osama llevó un estilo de vida muy indulgente y secular durante su adolescencia, especialmente mientras asistía al instituto en Beirut de 1973 a 1975. Otros, como Roland Jacquard, sostienen que no fue así. Sea cual sea la verdad sobre su juventud, está claro que Osama abrazó el islam de todo corazón cuando asistió a la Universidad Rey Abdul Aziz de Yeda. Se matriculó allí en 1976 y en 1977 emprendió la peregrinación musulmana a La Meca, *el Hajj*, de dos semanas de duración. Robinson escribe que tras esta experiencia Osama empezó a dejarse crecer la barba y su sinceridad hacia el Islam se hizo patente. Lo que Robinson no divulga es que la exposición de Osama a la Hermandad Musulmana en esta época propició su conversión.

Mohammed Qutb, hermano de Sayed Qutb, el "ideólogo jefe" de los Hermanos Musulmanes ejecutado en 1966, emigró a Arabia Saudí como consecuencia de la represión de Nasser contra la Hermandad. En la década de 1960 ocupó diversos cargos oficiales en universidades

---

[121] Jacquard, pp.13-14.

saudíes para enseñar y llevar a cabo la misión de la Hermandad Musulmana. Durante su estancia en Arabia Saudí, Mohammed Qutb concibió la organización hoy conocida como **Asamblea Mundial de la Juventud Musulmana**, que se hizo realidad en 1972 gracias a las cuantiosas donaciones de la familia Bin Laden. Omar, hermano de Osama, fue en su momento su director ejecutivo, y otro hermano, Abdullah, también ejerció como director.[122] WAMY estaba siendo investigada como fuente de financiación del terrorismo hasta que la administración Bush detuvo la investigación del FBI al comienzo de su mandato en 2001.

La perspectiva de WAMY sobre el Islam es la conocida perspectiva de la Hermandad Musulmana que tanto gusta a los globalistas, según la cual el Islam está amenazado por Occidente y debe permanecer receloso de la ciencia y la tecnología y volver a sus raíces primitivas. La sede actual de WAMY está en Riad, con oficinas principales en Falls Church, Virginia y Londres, Inglaterra. Según el periodista Greg Palast, hay más de veinte organizaciones afines a WAMY con sede también en Gran Bretaña.[123]

Mientras asistía a la Universidad Rey Abdul Aziz de Yeda, Osama bin Laden se hizo amigo de Mohammed Qutb y se inició en la Hermandad Musulmana. Malise Ruthven, autora de *Islam In the World* y ex redactora del servicio árabe de la BBC, llega a afirmar que Qutb fue el

---

[122] Qutb - *correspondencia personal con la Asociación Musulmana Italiana, Omar y Abdullah* - artículo.

[123] Artículo de Greg Palast en *The Guardian*.

"mentor" de Osama durante este periodo.[124]

Otra figura importante en la vida universitaria de Osama fue un profesor llamado Sheikh Abdullah Yussuf Azzam. Sin relación con los Azzam egipcios, era un profesor de religión nacido en Palestina que fue miembro activo de los Hermanos Musulmanes en Cisjordania. Posteriormente cursó estudios en Jordania y Damasco antes de doctorarse en jurisprudencia islámica por la Universidad *Al Azhar de* El Cairo en 1973. Durante su estancia en El Cairo conoció a la familia de Sayed Qutb y fue *"atraído a las filas de los militantes islamistas egipcios"*.[125] Poco después se trasladó a Arabia Saudí tras ser invitado a dar clases en la Universidad Rey Abdul Aziz, donde se relacionó con Mohamed Qutb. Osama asistió a las clases de Azzam y quedó prendado de su ideología militante. El famoso lema de Azzam era,

"La yihad y sólo el fusil: ni negociaciones, ni conferencias, ni diálogos".[126]

En 1979, el Dr. Azzam abandonó Arabia Saudí y fue uno de los primeros árabes en unirse a la yihad afgana. Fue el principal representante saudí y palestino de los Hermanos Musulmanes. Osama bin Laden, de 22 años, le siguió poco después y juntos crearon la **Maktab al-Khidamat**, MAK, u Oficina de Servicios Muyahidines, con sede en Peshawar, Afganistán. Su organización

---

[124] Artículo de Malise Ruthven en *The Guardian*.

[125] *Bin Laden: The Man Who Declared War on America*, Yossef Bodansky, 1999 p. 11.

[126] Bodansky, p. 11.

estaba vinculada a la de los Hermanos Musulmanes de Pakistán, **Jamaat-e Islami**. El MAK trabajó para reclutar combatientes que se unieran a la yihad y a finales de la década de 1980 había sucursales del MAK, conocido también como la Organización Al Kifah, en cincuenta países de todo el mundo. La red de los Hermanos Musulmanes se combinó con el dinero de la familia Bin Laden para hacer del MAK un tremendo éxito.

Militantes de todo el mundo acudieron en masa a Afganistán, pero Azzam y Bin Laden reconocieron que muchos de los futuros muyahidines carecían de la formación y los suministros necesarios para la campaña afgana. Para remediarlo, establecieron **Masadat Al-Ansar** en Peshawar como base central, complejo de entrenamiento y almacén para servir a los árabes que venían a luchar.[127] Bodansky p. 12 Esta era *Al Qaeda* (la base) para los miles de personas que acudían a luchar en la yihad. El Dr. Saad al-Fagih fue uno de los muchos saudíes que pasaron por la base de Peshawar, y explicó en una entrevista a la PBS cómo surgió Al Qaeda y cómo nunca se quiso referir a la organización terrorista de Bin Laden:

"Bueno, [realmente] me río cuando oigo al FBI hablar de Al Qaeda como una organización de Bin Laden... [Es realmente una] historia muy simple. Si Bin Laden va a recibir a árabes de Arabia Saudí y de Kuwait -de otras regiones-, [va a] recibirlos en la casa de huéspedes de Peshawar. Iban al campo de batalla y volvían, sin documentación... No [había] documentación de quién ha llegado. Quién se ha ido. Cuánto tiempo se quedó. Sólo

---

[127] Bodansky, p. 12.

hay [una bonita recepción general]. Y vas allí. Y te unes al campo de batalla... Muchas familias lo avergonzaron cuando lo llamaron y le preguntaron qué pasó con nuestro hijo. Él no lo sabe.

Porque no hay registro. No hay documentación. Ahora pidió a algunos de sus colegas que empezaran a documentar el movimiento de cada árabe que llegaba bajo su paraguas... Está registrado que [ellos] llegaron en esta fecha y se quedaron en esta casa... Muchos de ellos habían venido sólo por dos o tres semanas y luego desaparecieron. Ese registro, esa documentación se llamó el registro de Al Qaeda. Así que eso era Al Qaeda. No hay nada siniestro en Al Qaeda. No es como una organización... No creo que usara ningún nombre para su grupo clandestino. Si quieren nombrarlo, pueden llamarlo 'grupo Bin Laden'. Pero si están usando el término Al Qaeda ... Al Qaeda es sólo un registro para la gente que vino a Peshawar y se trasladó desde allí de ida y vuelta a la casa de huéspedes. Y regresaron a su país".[128]

Bin Laden pasó la mayor parte de sus años de lucha en la guerra afgana en Pakistán y su trabajo era principalmente el de recaudador de fondos y organizador, aunque muchas veces viajaba a Afganistán con su mentor, el jeque Azzam, conocido como el "Emir de la Yihad", que pronunciaba encendidos discursos para elevar la moral de los guerreros muyahidines. En Afganistán también se utilizaron los recursos de Bin Laden como contratista, y en varias ocasiones trajo equipos pesados para ayudar a fortificar los bastiones muyahidines y acondicionar las

---

[128] Entrevista a Al-Fagih.

carreteras de suministro. Aún no se ha aclarado si Bin Laden o Azzam participaron alguna vez en combates en primera línea, pero ambos han sido mitificados como guerreros activos y valientes.

Durante los años afganos de Bin Laden, el MAK desarrolló estrechas relaciones con el señor de la guerra pastún y hermano musulmán Gulbuddin Hekmatyar. Tanto Azzam como Hekmatyar tenían opiniones antiamericanas, pero las de Hekmatyar eran más pronunciadas, aunque se calcula que su grupo, el *Hezb-e-Islami*, recibía hasta el 40% de la ayuda estadounidense canalizada a los muyahidines a través de la CIA y el ISI.[129] Durante la década de 1980, Azzam también viajó por Estados Unidos para reunirse con grupos musulmanes estadounidenses, recaudar fondos y reclutar combatientes para la yihad. Estableció grandes centros de Al Kifah en Atlanta, Boston, Chicago, Brooklyn, Jersey City, Pittsburgh y Tucson, y sucursales más pequeñas de Al Kifah en otras treinta ciudades estadounidenses.[130] De este modo, el mensaje militante de los Hermanos Musulmanes se dispersó por todo Estados Unidos y se incorporaron reclutas a la yihad.

Según el respetado periodista pakistaní Ahmed Rashid, la guerra afgana se intensificó en 1986, cuando la CIA tomó tres decisiones estratégicas.[131] En primer lugar, proporcionar a los muyahidines misiles Stinger de

---

[129] Jacquard, p. 57.

[130] Artículo de Al Kifah.

[131] *El Islam en Asia Central: Afganistán y Pakistán*, Ahmed Rashid, pp. 213-214.

fabricación estadounidense. En el punto álgido de la guerra se calcula que los muyaidines mataban una media de 1,5 aviones soviéticos y comunistas afganos al día. La segunda decisión fue una promovida por la Inteligencia británica y el ISI para lanzar ataques de guerrilla en territorio soviético en Tayikistán y Uzbekistán. Como era de esperar, la operación fue entregada a las fuerzas de Hekmatyar, que consiguieron un éxito simbólico, al que los soviéticos respondieron bombardeando todas las aldeas cercanas. La CIA detuvo inmediatamente esta acción por considerarla contraproducente. En tercer lugar, la CIA empezó a respaldar la iniciativa árabe de reclutar guerreros de la yihad en todo el mundo. Rashid describe cómo se llevó a cabo esta campaña de reclutamiento,

"Pakistán había dado instrucciones permanentes a todas sus embajadas en el extranjero para que concedieran visados, sin hacer preguntas, a cualquiera que quisiera venir a luchar con los *muyahidines*. En Oriente Próximo, los Ikhwan ul Muslimeen (Hermanos Musulmanes), la Liga Musulmana Mundial, con sede en Arabia Saudí, y los radicales islámicos palestinos organizaron a los reclutas y los pusieron en contacto con los ISI. Los ISI y el partido Jamaat-e-Islami de Pakistán crearon comités de recepción para acoger, alojar y entrenar a los militantes extranjeros. Después, ambos animaron a los militantes a unirse a los grupos *muyahidines*, normalmente el Hizbe Islami. Gran parte de la financiación de esta empresa procedía directamente de la Inteligencia saudí, canalizada en parte a través del radical saudí Osama bin Laden, que entonces tenía su base en Peshawar. En su momento, el académico francés Oliver Roy describió la empresa como "<u>una empresa conjunta entre los saudíes, los Hermanos Musulmanes y la</u>

GLOBALISTAS E ISLAMISTAS

Jamaat-e-Islami, montada por los ISI"".[132]

Estas tres decisiones intensificaron la guerra en Afganistán y dejaron claro a Mijaíl Gorbachov que su nación estaba librando una batalla que nunca podría ganar. El 14 de abril de 1988 se firmaron los Acuerdos de Ginebra que ordenaban la retirada soviética de Afganistán. A principios de 1989, el ejército soviético estaba fuera de Afganistán, pero un régimen afgano firmemente comunista y bien armado seguía gobernando desde Kabul.

La ayuda estadounidense a los muyahidines terminó casi precisamente en el momento en que se firmaron los Acuerdos de Ginebra. Los soviéticos se marchaban y Occidente se felicitaba por haber conseguido una victoria. Para Estados Unidos la guerra había terminado y la CIA no quería participar en la creación de un régimen islamista en Afganistán que sin duda sería antiamericano. En consecuencia, Hekmatyar, Azzam, Bin Laden y los señores de la guerra islamistas se sintieron traicionados y utilizados.

Los muyaidines también sufrieron un duro revés el 17 de agosto de 1988, cuando el general Muhammed Zia ul-Haq, dictador en el poder de Pakistán y mentor de los muyaidines, murió al estrellarse su avión C-130 minutos después de despegar del aeropuerto de Bahawalpur. También murieron varios generales y el embajador estadounidense. En noviembre de 1988, Benazir Bhutto, hija de Zulfikar Bhutto, ejecutado por el general Zia, fue elegida primera ministra. Empezó a introducir políticas

---

[132] Rashid, p. 214.

que amenazaban a los fundamentalistas y a los señores de la guerra, incluida la legislación que reprimía el contrabando de drogas.

En marzo de 1989, los muyahidines fueron convencidos por asesores saudíes y de los ISI para lanzar un asalto a gran escala contra la ciudad de Jalalabad, controlada por los comunistas. Se argumentó que la caída de Jalalabad conduciría a una rápida ruta de las fuerzas del presidente Najibullah y que entonces Afganistán podría ser liberado rápidamente. El asalto se convirtió en uno de los mayores desastres para los muyaidines porque Jalalabad estaba bien defendida y protegida por un ejército veterano que incluía un importante contingente de artillería. Los muyaidines fueron masacrados por millares.

De vuelta en Peshawar, Bin Laden y Azzam reaccionaron con furia. Empezaron a emitir declaraciones desde sus oficinas de prensa acusando a Pakistán y Arabia Saudí de formar parte de un complot traicionero estadounidense. Esta fue quizás la primera noticia pública del creciente resentimiento de Bin Laden hacia el régimen saudí de su patria, decididamente proamericano.[133]

Bin Laden recibió un golpe aún mayor cuando su amigo y figura paterna, el jeque Abdullah Azzam, fue asesinado varios meses después. Obsérvese la mitología que rodea el fallecimiento de este hombre, según se relata en un

---

[133] *Bin Laden: Behind the Mask of the Terrorist*, Adam Robinson, 2001, p. 112.

sitio web musulmán:

"El viernes 24th de noviembre de 1989 en Peshawar, Pakistán, fue asesinado junto con sus dos hijos Mohammed e Ibrahim, por 20 kg de TNT activados por control remoto mientras conducía hacia la oración del viernes (Jumma). Su coche voló en pedazos en medio de una calle muy transitada. La explosión fue tan intensa que se encontraron fragmentos de los cuerpos de sus hijos a más de cien metros de la carnicería. También se encontró una pierna de su hijo suspendida de una línea telefónica aérea. Sin embargo, Alá sea glorificado, el jeque fue encontrado perfectamente intacto, salvo por una hemorragia interna, que le causó la muerte. Muchos de los presentes confirmarán el olor a almizcle que emanaba de su cuerpo".[134]

En sus inicios, el jeque Azzam había contribuido a crear la organización palestina conocida actualmente como HAMAS. En la actualidad, el ala militar de HAMAS en Cisjordania se conoce oficialmente como **Brigadas Abdullah Azzam**.[135] En Londres se fundó la **Organización Azzam** en su nombre y su filial Azzam Publications (www.azzam.com) se describe a sí misma como *"una organización independiente de medios de comunicación que proporciona noticias e información auténticas sobre la Yihad y los muyahidines extranjeros en todas partes"*. El sitio web se cerró tras el 11 de

---

[134] Biografía de Abdullah Azzam.

[135] Artículo sobre Abdullah Azzam.

septiembre de 2001.[136]

A finales de 1989, Osama bin Laden regresó a Arabia Saudí. Fue recibido como una celebridad y un héroe, pero seguía amargado por las luchas políticas internas que consumían Afganistán y cínico con la Casa de Saud gobernante. Volvió a su familia y ocupó brevemente un puesto en la empresa de Bin Laden trabajando en la construcción de carreteras. Tenía 32 años y casi diez de veterano de la guerra afgana, pero sus días de yihad no habían hecho más que empezar. Los Hermanos Musulmanes tenían otros planes para él .

---

[136] Informe sobre el Islam radical en el Reino Unido.

V. Bin Laden en el exilio

El 2 de agosto de 1990, Irak invadió Kuwait y el fácil estilo de vida de Bin Laden recibió una sacudida. De repente, había una nueva amenaza a la que hacer frente y una nueva misión que asumir. El día de la invasión, Bin Laden voló en jet privado desde su casa en Jeddah hasta la capital, Riad. Se dirigió directamente a las oficinas del rey Fahd y fue recibido por el príncipe Sultán. Ofreció al príncipe un memorando manuscrito de diez páginas en el que se ofrecía a reunir un ejército de 10.000 veteranos muyahidines curtidos en mil batallas para complementar al ejército saudí, liberar Kuwait y expulsar al ejército de Sadam Husein. El biógrafo Adam Robinson describe la situación:

"Los miembros de la familia recuerdan que, durante varios días después de hacer la oferta, Osama permaneció pegado a su teléfono móvil, esperando una respuesta del rey Fahd. Llamó repetidamente al despacho del monarca, se puso en contacto con varios ayudantes del rey Fahd para repetir la oferta, envió varios faxes y despachó a miembros de su personal al despacho del rey con copias de sus cartas. Mientras tanto, trabajaba día y noche en su despacho reuniendo a sus fuerzas, movilizándolas para preparar la acción, confiado en que serían la clave del éxito en la guerra que se avecinaba. Pero entonces, el 7 de agosto, llegó el desaire que le ha consumido y enfurecido hasta el día de hoy".[137]

Ese día se anunció que el rey Fahd había aceptado que

---

[137] *Bin Laden: Behind the Mask of the Terrorist*, Adam Robinson, 2001, p. 130.

una coalición de fuerzas dirigidas por Estados Unidos ocupara territorio saudí para proteger su régimen y preparar la liberación de Kuwait. La Administración Bush había sembrado el pánico entre el rey Fahd con *informes* de fotos de satélite que mostraban a las fuerzas de Hussein concentrándose en la frontera preparándose para una invasión saudí. Los informes eran totalmente falsos, las fotos de satélite no existían y la amenaza era una completa invención. Irak no tenía intención de invadir Arabia Saudí, como intentó dejar claro a través de los canales diplomáticos y los medios de comunicación internacionales. Sin embargo, el rey Fahd fue intimidado para que creyera que su régimen estaba en peligro y permitió la ocupación y la concentración de tropas para la Tormenta del Desierto.[138]

Osama bin Laden, junto con los dirigentes islámicos de Arabia Saudí y de todo el mundo, consideraban abominable esta ocupación extranjera de tierras musulmanas sagradas. Bodansky describe el problema al que se enfrentaba el rey Fahd:

"A principios de agosto de 1990, el rey Fahd pidió a los *ulemas* -los principales líderes religiosos del país- que respaldaran el despliegue de las fuerzas estadounidenses. Todos los ulemas superiores se opusieron categóricamente a la idea", declaró un funcionario saudí en un estudio del erudito saudí exiliado Nawaf Obaid. Sólo después de largas discusiones con el Rey, el Gran Mufti Sheikh Abdul-Aziz Bin Baz dio su apoyo a regañadientes a la idea con la condición de que se

---

[138] *"Preguntas sobre la supuesta amenaza iraquí a Arabia Saudí en 1990"*, artículo.

presentaran pruebas sólidas de la amenaza [iraquí]' ...La noticia de este conflicto entre la Corte saudí y los ulemas corrió como la pólvora por los círculos islamistas de Arabia Saudí."[139]

Bin Laden dijo lo siguiente sobre el rey Fahd en una entrevista de 1998:

"Cualquier gobierno que venda los intereses de su pueblo y traicione a su pueblo y tome medidas que lo aparten de la nación musulmana no tendrá éxito. Predecimos que el líder de Riad y los que con él estaban al lado de los judíos y cristianos con identidades estadounidenses u otras, se desintegrarán. Han abandonado la nación musulmana. Predecimos que como la familia real de Irán, el Shah, se dispersarán y desaparecerán. Después de que Alá les diera propiedades en la tierra más sagrada y les diera riquezas inauditas del petróleo, aún así pecaron y no valoraron el regalo de Alá. Predecimos destrucción y dispersión...".[140]

La operación Tormenta del Desierto terminó el 28 de febrero de 1991, pero a medida que continuaba la ocupación extranjera, también lo hacían las críticas abiertas de Bin Laden al régimen saudí. Pronunció discursos en reuniones y mezquitas y, como consecuencia, empezó a ser vigilado de cerca por la policía secreta saudí. Bin Laden empezó a recibir amenazas y Robinson escribe de familiares que recuerdan que en una ocasión incluso fue acorralado y

---

[139] Bodansky, p. 130.
[140] Robinson, p. 131.

golpeado por un grupo de "jóvenes" (supuestamente agentes del servicio secreto saudí) por criticar al gobierno.[141] Bin Laden empezó a darse cuenta de que no era bien recibido en su país de origen y que podría perseguir mejor sus objetivos fuera de Arabia Saudí. En abril de 1991 pudo marcharse con el pretexto de firmar un acuerdo comercial en Pakistán. No tenía intención de regresar.

Bin Laden pasó unos ocho meses en Pakistán y Afganistán, pero ni siquiera allí se sentía completamente libre. El gobierno pakistaní no era especialmente amistoso con los islamistas en aquella época y Bin Laden oía a menudo rumores de que la Inteligencia saudí estaba trabajando con los ISI para detenerle y llevarle de vuelta a Arabia Saudí. Su estrecha relación con Gulbuddin Hekmatyar también era un problema, porque Hekmatyar había enfadado a los saudíes por su firme apoyo a Sadam Husein durante la Tormenta del Desierto. En todo Oriente Próximo los islamistas estaban sintiendo una reacción violenta. Afganistán estaba en plena guerra civil, Arabia Saudí y Pakistán estaban tomando medidas enérgicas, Irán era chií y no era bien recibido por los suníes, y Egipto también estaba tomando medidas enérgicas. En consecuencia, muchos de los islamistas más fanáticos huyeron a Londres, donde siempre fueron aceptados, o a la recién creada República Islámica de Sudán, a la que Bin Laden fue invitado.

Sudán se había convertido en un bastión oficial del fundamentalismo islámico a partir del 30 de junio de 1989, cuando el general Omar Hassan al-Bashir asumió

---

[141] Robinson, p. 132.

el poder en un golpe militar. En agosto, apenas unos meses después, el papel de Sudán se confirmó en una reunión londinense de la Hermandad Musulmana Internacional. El delegado sudanés era un hombre llamado Hassan al-Turabi, que se convertiría en el verdadero poder detrás del trono en Sudán, y en mentor de Osama bin Laden.

Hassan al-Turabi nació en 1932, fue educado en escuelas de lengua inglesa en Sudán y adoctrinado en el Islam por su padre. En 1955 se licenció en Derecho en el Gordon College de Jartum, de gestión británica, y en algún momento de esa época se unió a los Hermanos Musulmanes. Después del Gordon College recibió una beca para asistir a la Universidad de Londres, donde se licenció en Derecho. Posteriormente asistió a la Universidad de la Sorbona, en Francia, donde se doctoró en 1964. De regreso a Sudán, se convirtió en el líder intelectual y portavoz del movimiento islamista y dirigente de la rama sudanesa de los Hermanos Musulmanes. Llegó a ser conocido como el Papa Negro de África.[142]

En la reunión de los Hermanos Musulmanes celebrada en Londres en 1989 se decidió que Sudán sería una nueva base para el movimiento islamista, y posteriormente se estableció en Jartum, bajo la dirección de Turabi, un consejo de liderazgo de los Hermanos Musulmanes formado por diecinueve miembros. Este consejo ayudó a organizar el movimiento islamista en el caótico periodo posterior a la guerra afgano-soviética y en abril de 1991 se celebró en Jartum una conferencia denominada

---

[142] Bodansky, p. 32.

"Conferencia del Pueblo Árabe Islámico". Se trataba de un congreso de grupos islamistas y terroristas de todo el mundo que contribuyó a crear la **Organización Internacional Popular**. La OIP estableció entonces otro consejo en Jartum de cincuenta miembros, uno de cada uno de los cincuenta países de todo el mundo que estaban comprometidos en una lucha islámica.[143]

La Hermandad Musulmana Internacional hace algo más que crear consejos y más consejos. La IMB también controla la "Legión Internacional del Islam" o "Legión Islámica". Surgió durante la década de 1980 y tenía su base principalmente en Pakistán y Afganistán, y también en Teherán, (antes hemos tratado el papel que desempeñó la Hermandad Musulmana en el desalojo del Sha y el establecimiento del régimen chií de línea dura del ayatolá Jomeini). Durante la década de 1990, la Legión Islámica trabajaría con mayor eficacia desde Jartum. La Legión Islámica no es más que una organización militar no oficial que ayuda a coordinar la yihad global. Yossef Bodansky, director del Grupo de Trabajo del Congreso sobre Terrorismo y Guerra No Convencional y autor de la biografía de Bin Laden citada a menudo en este estudio, se refiere a la Legión Islámica como **Movimiento Islámico Armado** o **AIM**.

El movimiento islamista sufrió un duro golpe el 5 de julio de 1991, cuando el Banco de **Crédito y Comercio Internacional** fue finalmente clausurado por el Banco de Inglaterra. Como se relató en la primera parte, este banco era un importante conducto de beneficios procedentes de la droga y del blanqueo de dinero que también servía de

---

[143] Bodansky, p. 36.

intermediario para el tráfico ilegal de armas. Había sido un componente importante de la red financiera del movimiento islamista mundial y ahora había sido disuelto. Antes de que el movimiento pudiera alcanzar su potencial, sus dirigentes sabían que había que crear una nueva red financiera. Esta puede ser una de las razones para invitar a Bin Laden a Sudán, ya que Bin Laden estaba casado con la hermana de Khalid bin Mahfouz. En el libro "*Forbidden Truth: U.S.-Taliban Secret Oil Diplomacy and the Failed Hunt for Bin Laden*", los autores franceses describen a Mahfouz:

"Khalid bin Mahfouz fue una figura clave en el asunto del Banco de Crédito y Comercio Internacional, o BCCI. Entre 1986 y 1990, fue un alto ejecutivo del banco, ocupando el cargo de director operativo. Su familia poseía entonces una participación del 20% en el banco. En 1992 fue acusado en Estados Unidos de fraude fiscal en la quiebra del banco. En 1995, considerado corresponsable en la quiebra del BCCI, aceptó un acuerdo de 245 millones de dólares para pagar a los acreedores del banco, permitiéndoles indemnizar a una parte de los clientes del banco. Los cargos concretos contra el banco eran malversación y violación de las leyes bancarias estadounidense, luxemburguesa y británica.

Tras haber dominado la actualidad financiera durante toda la década de 1990, el BCCI se encuentra ahora en el centro de la red financiera puesta en marcha por los principales partidarios de Osama bin Laden."[144]

En 1999, el Parlamento francés encargó una intensa y minuciosa investigación sobre el blanqueo de dinero a escala mundial. Tras publicar informes sobre Liechtenstein, Mónaco y Suiza, presentó el 10 de octubre de 2001 las conclusiones de sus investigaciones sobre el sistema bancario de Gran Bretaña: **"The City of London, Gibraltar and the Crown Dependencies: Offshore Centers and Havens for Dirty Money"**.

Al informe de 400 páginas se adjuntaba un apéndice de 70 páginas titulado **"El entorno económico de Osama bin Laden"** que se centraba específicamente en la red financiera londinense asociada a Osama bin Laden. El informe concluye que hasta cuarenta bancos, empresas y particulares británicos estaban asociados a la red de Bin Laden, incluidas organizaciones de Londres, Oxford, Cheltenham, Cambridge y Leeds. Al presentar el informe, el diputado francés Arnaud Montebourg declaró: *"Tony Blair, y su gobierno, predican por todo el mundo contra el terrorismo. Haría bien en predicar a sus propios banqueros y obligarles a perseguir el dinero sucio... Incluso los suizos cooperan más que los ingleses".*[145]

El investigador francés Jean-Charles Brisard (que creo que trabajó en el informe) ofrece esta conclusión en su

---

[144] *La verdad prohibida*, Jean-Charles Brisard y Guillaume Dasquie, 2002, p. 117.

[145] *"El Reino Unido es el paraíso de los blanqueadores de dinero"*, artículo de BBC News.

libro *La verdad prohibida*:

"La red financiera que rodea a Osama Bin Laden y sus inversiones tiene una estructura similar a la red fraudulenta creada en los años ochenta por el BCCI. Incluso comparten algunas de las mismas personalidades (antiguos ejecutivos y directores del BCCI, traficantes de petróleo y armas, inversores saudíes) y, a veces, las mismas empresas (NCB, Attock oil, BAII).

El estudio señala el hecho de que las redes de financiación del BCCI han sobrevivido, a pesar de que Osama bin Laden recibe apoyo paralelo de movimientos políticos o terroristas de la esfera de influencia islamista.

La convergencia de intereses financieros y actividades terroristas, especialmente Gran Bretaña y Sudán, no parece haber sido un obstáculo para los objetivos deseados por cada grupo.

Una red terrorista respaldada por un vasto sistema de financiación es la marca distintiva de las operaciones de Osama bin Laden".[146]

Y ahora voy a introducir una tesis sobre la que volveremos a menudo a lo largo del resto de este estudio. Se trata simplemente de lo siguiente: Osama Bin Laden no es el jefe de esta red financiera encubierta y oscura que ha aparecido ocasionalmente como fuente de financiación de las actividades terroristas de Bin Laden. Osama bin Laden no es, ni ha sido nunca, el líder del

---

[146] Brisard y Dasquie, pp. 184-185.

movimiento islamista internacional dirigido por la Hermandad Musulmana Internacional. Osama bin Laden ha sido utilizado eficazmente como **testaferro para que** la rama militante de la Hermandad asuma la responsabilidad de sus atrocidades, pero no es el **cerebro** de toda la operación, ni siquiera de las operaciones que se le pide que dirija o de las que asume la responsabilidad.

Por la misma razón, la Hermandad Musulmana está siendo utilizada como herramienta por los globalistas con base en Gran Bretaña, cuyo principal objetivo es derrocar el orden mundial establecido y crear un nuevo sistema de gobierno global de un solo mundo. Pero llegaremos a esta tesis secundaria y más sensacionalista más adelante.

La Hermandad Musulmana Internacional había utilizado el BCCI para financiar sus actividades hasta su cierre en julio de 1991. Cuando esto ocurrió, después de que todas las reuniones islamistas importantes de alto nivel hubieran tenido lugar en Sudán, se recurrió a Osama bin Laden para que ayudara a organizar la reconstrucción de la red en diciembre de 1991. Bin Laden se había labrado una reputación de excelente organizador durante sus años con el MAK en Peshawar, por lo que era el hombre perfecto para el trabajo, y su estrecha relación con su cuñado Khalid bin Mahfouz fue una ventaja añadida. Mahfouz conocía la banca británica como la palma de su mano y sabía exactamente en qué bancos y banqueros británicos se podía confiar para ayudar a reconstruir la red cuasi legal encubierta. Adam Robinson escribe sobre la resurrección de esta red, que tenía una gran deuda con el organizador Bin Laden,

"Al cabo de unos meses, Osama desveló ante un atónito al-Turabi lo que él llamaba 'el Grupo de la Hermandad' [autor - sí, el 'Grupo de la Hermandad']. Se trataba de una red de 134 hombres de negocios árabes cuyo imperio comercial combinado se extendía por todo el mundo y de vuelta muchas veces. Tenían cuentas bancarias en prácticamente todos los países y, colectivamente, movían miles de millones de dólares como parte de sus negocios legítimos. Era una tapadera perfecta. El Grupo de la Hermandad llegó a ser utilizado por grupos terroristas de todo el mundo. Osama era la estrella de su sector".[147]

Bin Laden también contribuyó a vigorizar el propio sector bancario sudanés, en decadencia, cuando invirtió 50 millones de dólares para capitalizar el Banco Islámico El Shamal de Jartum. Se trataba del banco de Bin Laden, propiedad en sociedad del **Frente Islámico Nacional** de Sudán, que no es más que la rama sudanesa de la Hermandad Musulmana Internacional.

Tras ayudar a restablecer la red financiera de los Hermanos Musulmanes, Bin Laden se mantuvo ocupado en Sudán en proyectos relacionados con su profesión de contratista. Se creó una empresa controlada conjuntamente por Bin Laden, el ejército sudanés y el Frente Islámico Nacional de Sudán llamada **Al-Hijra for Construction and Development Ltd. (Al-Hijra para la Construcción y el Desarrollo).** Se abordaron importantes proyectos, como el desarrollo de Port Sudan, en el Mar Rojo, un aeropuerto en Port Sudan y una autopista de cuatro carriles a lo largo de los 650

---

[147] Robinson, p. 139. Véase también Bodansky, p. 43.

kilómetros que separan el puerto de Jartum. Al-Hijra también emprendió un proyecto para ensanchar el Nilo Azul y construir la presa de Rosaires. También se realizaron obras para mejorar las líneas ferroviarias, se construyeron varios aeropuertos más pequeños y se pavimentaron carreteras por todo el país.[148]

Mientras Bin Laden se mantenía ocupado construyendo la infraestructura de Sudán, la Hermandad Musulmana Internacional (IMB) se preparaba para enfrentarse a las Fuerzas Armadas de Estados Unidos en Somalia. Aunque la intención de introducir fuerzas estadounidenses en Somalia con "fines humanitarios" no se hizo pública hasta finales de 1992, la IMB parecía anticipar la intervención estadounidense casi desde el momento en que cayó el gobierno somalí en enero de 1992. Es casi como si la misión de las Fuerzas Armadas estadounidenses en Somalia estuviera predestinada a enfrentarse a los islamistas, y a fracasar.

Como ya se ha señalado, Sudán anunció su intención de convertirse en una base militante de la IMB en la reunión de Londres de 1989. Después de eso, organizaciones como la dirigida por Abu Nidal, HAMAS y Hezbolá de Irán/Líbano establecieron oficinas en Jartum. Poco después se abrieron campos de entrenamiento y Bin Laden fue invitado a entrar. También a finales de 1991, Irán y Sudán comenzaron a entablar una amistad estratégica. Esta cooperación entre el fundamentalismo militante chií y suní llamó inmediatamente la atención de los regímenes de Egipto y Arabia Saudí y se comprendió

---

[148] Bodansky, p. 46, Robinson, pp. 139-140.

que Sudán se perfilaba como una amenaza.

Hassan al-Turabi también hizo la ronda diplomática en Occidente. Según el biógrafo de Bin Laden, Roland Jacquard, Turabi visitó Londres en 1992 y fue invitado al **Royal Institute of International Affairs**. Esta es la sede de los globalistas británicos y la organización matriz del **Consejo de Relaciones Exteriores de** Estados Unidos. Tras esta visita también realizó un viaje a Estados Unidos, donde se le ofreció una recepción oficial en Washington.[149] De vuelta en Sudán, Turabi estableció vínculos con el señor de la guerra somalí Muhammad Farah Aidid. Bodansky explica:

"A los terroristas somalíes se les proporcionó equipo y armas para las milicias que entrenarían y dirigirían. Algunas de estas milicias operaban dentro de las filas de los principales partidos somalíes, mientras que otras eran completamente independientes y sólo respondían ante Jartum... Teherán, que controlaba y patrocinaba a estos terroristas somalíes a través de Sudán, planeaba utilizarlos contra las fuerzas estadounidenses del mismo modo que Siria e Irán habían utilizado al HizbAllah contra las fuerzas de paz estadounidenses en Beirut a principios de los años ochenta."[150]

A finales de 1992, la IMB también pidió al jeque Tariq al-Fadli que regresara a Yemen desde su cómodo exilio en Londres para organizar una célula terrorista que golpeara a las fuerzas estadounidenses que pronto

---

[149] Jacquard, p. 32

[150] Bodansky, p. 43.

pasarían por allí de camino a Somalia. Bin Laden conocía a al-Fadli de la campaña afgana y contribuyó decisivamente a poner en contacto al jeque con los miles de "afganos" yemeníes que habían regresado a su país. Al-Fadli fue introducido en Yemen a "mediados de noviembre", según Bodansky, mientras que la intención de enviar fuerzas estadounidenses a Somalia no fue revelada por la Administración Clinton hasta el 28 de noviembre.[151]

Las fuerzas estadounidenses desembarcaron en las playas de Somalia el 9 de diciembre de 1992, según captaron ridículamente los reflectores de la horda de medios de comunicación internacionales que esperaban. Desde el principio, el mundo, la mayoría de los ciudadanos estadounidenses y, en especial, los militares estadounidenses, se preguntaron qué demonios hacían las fuerzas armadas estadounidenses intentando imponer el orden en el caótico y poco agradecido país islámico de Somalia.

Al principio la operación pareció un éxito y se permitió el paso de la ayuda humanitaria, pero los islamistas simplemente estaban esperando su momento para atacar. El primer ataque tuvo lugar en Yemen, el 29 de diciembre de 1992. La recién organizada Yihad Islámica Yemení de Al-Fadli detonó bombas en el Hotel Aden y en el Hotel Golden Moor, matando a tres personas e hiriendo a cinco. Una de las bombas apenas alcanzó a un contingente de 100 marines estadounidenses que se dirigían a Somalia. Otro equipo armado con RPG también falló, al ser alcanzado cerca de las vallas de un

---

[151] Bodansky, p. 71.

aeropuerto donde estaban estacionados aviones de transporte de la Fuerza Aérea estadounidense. Al-Fadli y algunos de sus seguidores se rindieron el 8 de enero de 1993. El resto de los "afganos" yemeníes fueron trasladados por aire a Somalia por Osama bin Laden en una operación encubierta a mediados de 1993. Bin Laden se jactó más tarde en una entrevista de que esta operación le costó 3 millones de dólares *de su propio dinero*.[152]

El 5 de junio de 1993, de vuelta en Mogadiscio, las fuerzas del general Aidid emboscaron y mataron a un destacamento pakistaní de las fuerzas de la ONU, matando a veintitrés soldados con cascos azules. Aidid abandonó Somalia y apareció más tarde, en junio, en Jartum para comparecer en una reunión islamista de alto nivel. También asistieron Turabi, Bin Laden, varios agentes iraníes y el jefe de la Yihad Islámica egipcia, Ayman al-Zawahiri. La reunión se centró en desalojar a Estados Unidos y a la ONU de Somalia. Bodansky escribe que la operación fue dirigida por Turabi, con Zawahiri, junto con varios otros "afganos" árabes sirviendo bajo sus órdenes como comandantes militares. Bin Laden, como siempre, era responsable del apoyo logístico. En otoño de 1993, Zawahiri entró en Somalia, donde coordinó las operaciones con los altos mandos de Aidid.[153]

La resistencia a la Operación Restaurar la Esperanza alcanzó su punto álgido el 3 de octubre de 1993, con los acontecimientos que han sido memorablemente

---

[152] Bodansky, p. 74.

[153] Bodansky, pp. 76-78.

recreados en la película de Hollywood **"Blackhawk Down"**. Ese día, las fuerzas de Aidid consiguieron derribar dos helicópteros Blackhawk, herir a setenta y ocho soldados estadounidenses, matar a dieciocho y capturar a otro. Hasta mil combatientes y civiles somalíes murieron en la carnicería. Tras este incidente, la Administración Clinton se dio cuenta de que la operación somalí tenía que llegar a su fin. En marzo de 1994, casi todas las fuerzas estadounidenses se habían retirado, dejando el control a los islamistas.

Bin Laden consideraba esto otra gran victoria para el Islam. Primero los soviéticos habían sido derrotados y expulsados de Afganistán, y ahora Estados Unidos había sido derrotado y expulsado de Somalia. Dos superpotencias habían sido derrotadas por la fuerza del Islam. Robinson relata la siguiente entrevista a Bin Laden,

"Las llamadas superpotencias se desvanecieron en el aire. Creemos que Estados Unidos es mucho más débil que Rusia. Según los informes que recibimos de nuestros hermanos que participaron en la yihad en Somalia, supimos que vieron la debilidad, la fragilidad y la cobardía de las tropas estadounidenses. Sólo murieron 80 soldados estadounidenses. Sin embargo, huyeron en el corazón de las tinieblas, frustrados, después de haber causado gran conmoción sobre el nuevo orden mundial..."[154]

---

[154] Robinson, p. 153.

VI. World Trade Center 1993

Bajo Hassan al-Turabi, Sudán había logrado una gran victoria para la Hermandad Musulmana al desalojar a Estados Unidos de Somalia. Pero incluso antes del compromiso de Somalia, la Hermandad Musulmana estaba implicada en un gran golpe en el corazón de Estados Unidos. El 26 de febrero de 1993 se produjo el atentado contra el World Trade Center en el que murieron seis personas y hasta mil más resultaron heridas, con un coste en daños de más de 250 millones de dólares. La intención del terrorista, Ramzi Youssef, era derribar una torre sobre la otra y, al mismo tiempo, dispersar una nube de gas cianuro sobre la ciudad de Nueva York. Afortunadamente, la explosión en el aparcamiento subterráneo no fue suficiente para derribar la torre, pero sí para quemar el gas cianuro y hacerlo ineficaz.

Los principales medios de comunicación se centraron en el jeque ciego Omar Abdul Rahman, detenido, juzgado y condenado por estar implicado en la conspiración. Era el líder de *Jamaat al-Islamiyya* (el **Grupo Islámico), que** había sido encarcelado en Egipto por su apoyo moral a los asesinos de Anwar Sadat. Cuando fue liberado en 1985, se dirigió a Pakistán, donde se unió a Gulbuddin Hekmatyar y Abdullah Azzam. Se convirtió en un clérigo muy famoso dentro de los círculos islamistas, muy conocido por su intrépida prédica militante y por su odio al presidente Mubarak de Egipto. A finales de los 80 viajó constantemente predicando en centros islámicos de toda Arabia Saudí e incluso de Gran Bretaña, Alemania y Estados Unidos, con la bendición de la CIA. También se reunió varias veces con Hassan al-Turabi en

Jartum y Londres.¹⁵⁵

En mayo de 1990 obtuvo un visado del consulado estadounidense en Jartum, de manos de un agente de la CIA que se hizo pasar por funcionario, a pesar de que su nombre figuraba en una lista de sospechosos de terrorismo del Departamento de Estado. Rahman se instaló en Nueva Jersey, donde comenzó a predicar el mismo mensaje militante de siempre. En noviembre de 1990, el Departamento de Estado revocó el visado de Sheikh Rahman y aconsejó al INS que lo buscara. Cinco meses después, el INS, en lugar de deportarlo, expidió a Rahman una tarjeta verde.¹⁵⁶

El traslado del jeque Rahman a Estados Unidos fue patrocinado por la Hermandad Musulmana a través de al menos dos personas. Una era Mahmud Abouhalima, miembro de la Hermandad que había trabajado con la CIA en Afganistán y establecido contactos con musulmanes radicales y Panteras Negras en Estados Unidos. El otro era Mustafa Shalabi, director del Centro Al Kifah de Abdullah Azzam en Brooklyn.¹⁵⁷

Después de que Rahman instalara su mezquita en Nueva Jersey, él y sus socios empezaron a presionar a Shalabi para que cediera el control del Centro Al Kifah y sus activos, valorados en 2 millones de dólares, al jeque Rahman. Shalabi se echó atrás ante esta amenaza e hizo

---

[155] *Blowback*, Mary Ann Weaver, 05-1996, *The Atlantic* online.

[156] *Ennemies & 'Assets'*, William Norman Grigg, 03-1997, *The New American*.

[157] Ibid.

planes para marcharse de Brooklyn a Peshawar, Pakistán, en marzo de 1991. El hombre elegido para suceder a Shalabi como director del Centro fue un libanés-estadounidense llamado Wadih el-Hage, un hombre estrechamente vinculado a la Hermandad Musulmana (muy probablemente un miembro) que vivía en ese momento en Arlington, Texas. La transición se complicó, sin embargo, con el asesinato de Shalabi el 26 de febrero, y aunque el-Hage se encontraba en Brooklyn en ese momento, no se hizo cargo del Centro Al Kifah tras la repentina muerte de Shalabi. En lugar de ello, regresó a su casa de Arlington, donde continuó con su trabajo de intermediario en la compraventa de automóviles para Oriente Próximo. Unos dos años después fue llamado a Sudán, donde trabajó para Osama bin Laden viajando y vendiendo la mercancía agrícola de los negocios de bin Laden. Con el tiempo se convirtió en secretario personal de Bin Laden. Hoy se encuentra en una cárcel estadounidense por su implicación con Al Qaeda y su conexión con los atentados de la embajada africana de 1998, aunque regresó a Estados Unidos en 1997.[158]

En Brooklyn, el Centro Al Kifah pasó a estar bajo el control total de la red del jeque Rahman. En septiembre de 1992, la red trajo a Ramzi Yousef a Estados Unidos. Yousef es ahora generalmente reconocido como el cerebro del atentado contra el World Trade Center de 1993, y su caso presenta un reto interesante. Entró en Estados Unidos como Ramzi Yousef con pasaporte iraquí. No tenía visado, pero se le concedió asilo político. Unos meses más tarde visitó el consulado pakistaní y,

---

[158] "*Osama bin Laden - el pasado*", Steve Emerson, IASCP.com.

tras presentar la documentación requerida, le dieron un pasaporte con el nombre de Abdul Basit Karim. La investigación del Gobierno estadounidense sobre Ramzi Yousef concluyó que Abdul Basit Karim era realmente su verdadera identidad.

Abdul Basit Karim nació en Kuwait en 1968, de padre pakistaní y madre palestina. Su padre era empleado de Kuwait Airlines. En 1984 se trasladó a Gran Bretaña y comenzó sus estudios universitarios. Tomó cursos de inglés en el Oxford College of Further Education y asistió al West Glamorgen Institute de Swansea, donde se licenció en ingeniería electrónica en 1989. Según la propia confesión de Ramzi Yousef, tomada tras ser finalmente detenido y trasladado a Estados Unidos en 1995, fue reclutado por el movimiento islamista en 1987, cuando vivía en Swansea, tras ser contactado por miembros locales de los Hermanos Musulmanes. En el verano de 1988 viajó a Pakistán, donde asistió a uno de los muchos campos de entrenamiento de muyahidines patrocinados por la Hermandad. Tras licenciarse en 1989, resultó herido en la explosión de una bomba en Karachi mientras intentaba perfeccionar sus habilidades como artificiero. Durante la invasión de Kuwait por Irak estuvo en Kuwait colaborando con los iraquíes, según le acusó el Ministro del Interior kuwaití, y después, antes de la Tormenta del Desierto, huyó a Filipinas, donde ofreció su experiencia en la fabricación de bombas a los incipientes grupos islamistas que empezaban a hacerse notar. Abdul Basit Karim, alias Ramzi Yousef, era un operativo de la Hermandad Musulmana y experto fabricante de bombas, y la red lo llevó a Estados Unidos a finales de 1992 con el único propósito de destruir el

World Trade Center.[159]

También debe abordarse una teoría diferente sobre la verdadera identidad de Ramzi Yousef que, por desgracia, ha alcanzado una amplia cobertura. Tras el atentado de 1993, muchos conservadores hicieron un gran esfuerzo por implicar al Iraq de Sadam Husein como Estado patrocinador del atentado de 1993. Esta teoría fue encabezada por la respetada analista Laurie Mylroie, y posteriormente apoyada por el ex jefe de la CIA James Woolsey, que se aferraba a cualquier cosa para enmascarar la propia implicación de la CIA en el atentado que se produjo mientras él era director. La teoría iraquí afirma que Abdul Basit Karim era un apacible académico que fue **asesinado** por los servicios de inteligencia iraquíes durante la ocupación de Kuwait en 1990, y que la identidad de Karim fue robada y entregada al "superagente iraquí" Ramzi Yousef. Esta teoría se basa casi por completo en el hecho de que los documentos kuwaitíes de Karim habían sido obviamente manipulados antes de 1993, cuando se presentaron durante la investigación del atentado contra el WTC. Mylroie y compañía llegaron a la conclusión de que los iraquíes debían de ser los responsables y que la manipulación se había realizado para permitir que Yousef asumiera la identidad de Karim. Las huellas dactilares de Karim y Yousef coincidían, por lo que Mylroie alegó que la manipulación también había incluido el cambio de huellas dactilares. Esta teoría recibió rápidamente el apoyo de varios conservadores de Estados Unidos, y también de varios periodistas

---

[159] "*El pasado como prólogo*", Russ Baker, 10-2001, salon.com.

destacados de Gran Bretaña.¹⁶⁰

Mylroie no considera la posibilidad de que los documentos hayan sido manipulados para encubrir la colaboración de Karim con los invasores iraquíes y su implicación con los Hermanos Musulmanes, que apoyaron a Irak durante la invasión. La elaborada teoría de Mylroie también recibió el comprensible apoyo de varios miembros del profesorado de la Universidad de Swansea de Karim. Ken Reid, subdirector, afirmó que la estatura y el peso de Karim eran diferentes a los de Yousef. También afirmó que el ojo deformado y las orejas y boca más pequeñas de Yousef no coincidían con las de Karim.¹⁶¹ Brad White, antiguo investigador del Senado y presentador de informativos de la CBS, también se sumó a la causa de Mylroie y entrevistó a profesores que habían conocido a Karim. *"Dos personas recordaban bien a Abdul Basit pero, al mostrarles fotos de Yousef, fueron incapaces de hacer una identificación positiva. Ambos opinaban que, aunque había cierta similitud en el aspecto, no se trataba de la misma persona. 'Nuestra sensación es que Ramzi Yousef probablemente no es Basit', le dijeron a White".*¹⁶² Sin embargo, estas supuestas diferencias pueden explicarse en parte por el accidente que sufrió Yousef en 1989 en Karachi, cuando fabricaba bombas, y que le provocó

---

[160] *"¿Quién es Ramzi Youssef? And Why It Matters"*, Laurie Mylroie, invierno 95/96, *National Interest*.

[161] *"Terrorists' trade in stolen identities"*, Daniel McGrory, 9-22-01, *The Times* UK.

[162] *"De pasaportes y huellas dactilares"*, artículo en Internet.

heridas en la cara y una larga hospitalización.

Otro ángulo fue intentado por un periodista británico que describió el dominio de Yousef de la lengua inglesa como "espantoso" y teorizó que no podía ser el mismo Karim que había vivido en Gran Bretaña durante cuatro años y asistido a cursos de idiomas en Oxford.[163] Esta teoría se cae por su propio peso ante la actuación de Yousef durante su juicio: *"Insistió en representarse a sí mismo en el primer juicio; vestía un traje entallado de doble botonadura, a menudo se mostraba encantador y, en general, se representaba a sí mismo sorprendentemente bien, consiguiendo incluso que los testigos hostiles se contradijeran"*.[164] ¿Podría haber sido su inglés tan *"espantoso"* para representarse tan bien en su juicio estadounidense?

Simon Reeve, en su libro *The New Jackals*, se enfrenta a las acusaciones de que Yousef no era Karim. Menciona a Neil Herman, el jefe de la investigación del FBI sobre el atentado de 1993, y también cita a varios amigos de Basit de sus días en Swansea,

"...Neil Herman y el FBI están convencidos de que Yousef y Karim son la misma persona, y varios antiguos alumnos recuerdan e identifican a 'Ramzi', su 'temperamental' y 'volátil' antiguo compañero. *Un minuto era tu amigo y al siguiente...*", dijo un estudiante galés. Otro antiguo alumno del sur de Gales recuerda que

---

[163] "*Terrorists' trade in stolen identities*," Daniel McGrory, 9-22-01, *The Times* UK.

[164] "*El pasado como prólogo*", Russ Baker, 10-2001, salon.com.

un amigo común suyo y de Yousef -un británico de familia asiática- mencionó una conversación política que ambos mantuvieron. *Es un auténtico chiflado"*, le dijeron. Otro estudiante recortó y guardó artículos de periódico del juicio de Yousef. Cuando Yousef aún estaba huido, recuerda haber comparado las fotos de los periódicos con las de sus álbumes. *Ésa es mi amiga Jane, es profesora"*, decía a sus amigos mirando los álbumes, *"ése es mi amigo Phil, es ingeniero, y luego* [volviendo a los artículos] *ése es mi amigo Ramzi, el terrorista internacional y hombre más buscado del mundo""*.[165]

En cualquier caso, es comprensible que el profesorado de la universidad de Karim quisiera distanciar a su institución de Yousef, el cerebro terrorista, y es comprensible que conservadores como Mylroie estuvieran tan dispuestos a buscar un "poder superior" responsable del atentado contra el WTC. Existía un poder superior, pero no era Iraq, y la mayoría de los conservadores son tan completamente anglófilos en su visión que les resulta imposible mirar críticamente a Gran Bretaña, que es donde tiene su base la Hermandad Musulmana.

La cuestión de la verdadera identidad de Yousef se resolvió finalmente pocas semanas después del 11 de septiembre de 2001. El ex jefe de la CIA James Woolsey fue enviado a Londres para reunir todas las pruebas posibles de que Irak era, al menos en parte, responsable de los atentados. Su viaje fue patrocinado de forma independiente por Paul Wolfowitz, subsecretario de Defensa, lo que creó una fisura dentro de la

---

[165] *The New Jackals,* Simon Reeve, 1999, p.251.

Administración Bush y enfureció al Departamento de Estado y a la CIA.[166] Woolsey se centró en las acusaciones de que el principal secuestrador, Mohammed Atta, se había reunido con los servicios de inteligencia iraquíes en Praga, y también investigó la supuesta conexión iraquí de Yousef: *"Otra intriga que Woolsey ha explorado durante su estancia en Gran Bretaña tiene que ver con un terrorista kuwaití convicto conocido como Ramzi Youssef, cuyo verdadero nombre es Abdul Basit. Woolsey afirma que Youssef es un agente iraquí que secuestró a Basit y robó su identidad. Las pesquisas de Woolsey le han convertido en el hazmerreír de la policía y los servicios de inteligencia británicos, que están "perplejos" ante sus actividades, según un funcionario británico. Pero la propia falta de credibilidad de Woolsey no ha impedido que los principales medios de comunicación le citen profusamente para azuzar la histeria contra Iraq."* [167]

Woolsey se reunió con los servicios de inteligencia británicos que, para consternación de Woolsey, coincidieron con la conclusión a la que llegaron hace tiempo los investigadores estadounidenses en el juicio de Yousef y confirmaron que Ramzi Yousef *era realmente* Abdul Basit Karim, y no un impostor iraquí. Desde entonces, el asunto se ha abandonado, aunque Laurie Mylroie sigue creyendo que los británicos se desviven por encubrir a Sadam,[168] incluso mientras Tony Blair se

---

[166] *"Los halcones intentan implicar a Irak buscando pruebas en el Reino Unido"*, 10/2001, DAWN.com.

[167] Ibid.

[168] PBS Frontline, entrevista con Laurie Mylroie.

afana por encontrar razones para apoyar los planes de Bush de invadir Irak.

Abdul Basit Karim, alias Ramzi Yousef, huyó de Estados Unidos inmediatamente después del atentado del 26 de febrero de 1993 a Karachi (Pakistán). En 1994 apareció de nuevo en Filipinas, donde se unió a la célula de los Hermanos Musulmanes que se había creado para apoyar al nuevo grupo terrorista **Abu Sayyaf** en Mindanao. Karim se reunió con Mohammed Jamal Khalifa, cuñado de Osama bin Laden, que había ayudado a financiar la creación inicial del grupo Abu Sayyaf, que lleva el nombre del islamista militante Dr. Abdurrab Rasul Sayyaf.[169] El Dr. Sayyaf se doctoró en la Universidad Al Azhar de El Cairo y se convirtió en uno de los teólogos más importantes de Afganistán. Fundó la Universidad de Sawal al-Yihad en Peshawar hacia 1990 y hoy es un militante crítico declarado del nuevo gobierno de Karzai en Afganistán y enemigo de Estados Unidos. Muchos consideran a Abu Sayyaf un grupo de fachada de Al Qaeda, pero en realidad es un grupo de los Hermanos Musulmanes que se planificó mucho antes de que Osama bin Laden surgiera como "cerebro del terrorismo internacional".

En Filipinas, Abdul Basit Karim, alias Yousef, también se relacionó estrechamente con su tío Khalid Shaikh Mohammed, considerado en la actualidad el cerebro operativo de los atentados del 11 de septiembre y sospechoso de ser el autor intelectual del WTC de 1993. Al igual que Karim, Mohammed nació en Kuwait, pero

---

[169] *"The Terror Lurking Within Asia"*, John Moy, 10-11-02, SCMP.com.

se trasladó a Pakistán.[170] Los registros kuwaitíes muestran que toda la familia de Karim se trasladó de Kuwait a Pakistán el 26 de agosto de 1990, durante la ocupación iraquí.[171] La Inteligencia india cree que toda la familia es originaria de la provincia paquistaní de Baluchistán y que Karim sólo se crió en Kuwait.[172] En cualquier caso, Karim y su tío Khalid, que en su día asistió a una universidad de Carolina del Norte,[173] son los terroristas que concibieron originalmente la operación que finalmente se llevó a cabo el 11 de septiembre. La policía filipina descubrió el complot, conocido como Operación Bojinka, después de hacer una redada en el apartamento de Karim debido a la alarma provocada por un accidente en la fabricación de una bomba. Se recuperó un ordenador que contenía planes para colocar bombas en once aviones estadounidenses programados para estallar simultáneamente. Uno de los miembros capturados de la célula, Abdul Hakim Murad, admitió posteriormente en el interrogatorio que la segunda fase del plan consistía en secuestrar aviones de línea y estrellarlos contra objetivos como la sede de la CIA, la Casa Blanca, el Pentágono y posiblemente algunos rascacielos. Murad estaba seguro de ello porque había asistido a varias escuelas de vuelo estadounidenses, en Texas, Nueva York y Carolina del Norte, y él iba a ser

---

[170] *"Terrorist Plot Years in the Making"*, Daniel Rubin y Michael Dorgan, Knight Ridder Newspapers.

[171] *"De pasaportes y huellas dactilares"*, artículo en Internet.

[172] *"Antecedentes de Ramzi Ahmed Youssef"*, 10-1996, SAPRA INDIA.

[173] *"The Left's Acrobatic Logic on Terror"*, David Harsanyi, 6-11-02, Capitalism Magazine.com.

uno de los pilotos suicidas.[174]

Descubrir el complot y desarticular la célula terrorista fue un triunfo para la Inteligencia filipina, y la CIA concedió a la inspectora superior Aida D. Fariscal un certificado al mérito *"En reconocimiento a sus extraordinarios esfuerzos personales y a su cooperación"*.[175] A continuación, la CIA se olvidó por completo de la Operación Bojinka.

Karim, alias Ramzi Yousef, pudo escapar a duras penas de Filipinas y evitar su detención, pero dejó atrás varios libros de referencia técnica que había robado de la biblioteca de Swansea (lo que confirma aún más su identidad como Karim).[176] Regresó a Pakistán, donde pasó fácilmente a la clandestinidad en la extensa red islamista. Habría seguido siendo una figura clave de la red terrorista mundial, pero fue traicionado por uno de sus colaboradores más cercanos. Un musulmán sudafricano reclutado por Karim ofreció información sobre el paradero de éste a cambio de la recompensa de 2 millones de dólares que ofrecía el gobierno estadounidense por su detención. Karim fue detenido en su apartamento por agentes de seguridad estadounidenses y paquistaníes el 7 de febrero de 1995. El informante cobró la recompensa de 2 millones de dólares y ahora vive en Estados Unidos bajo una nueva identidad con su familia, acogido al Programa de

---

[174] *"Dropping the Ball"*, Reed Irvine, World Net Daily .com.

[175] *"Operation Bojinka's Bombshell"*, Matthew Brzezinski (sobrino de Zbigniew), 1-2-02, *The Toronto Star*.

[176] 19b. Reeve, p. 89.

Protección de Testigos.[177] Karim fue posteriormente deportado a Estados Unidos y juzgado y condenado por el atentado del WTC. "Ramzi Yousef" cumple ahora una condena a cadena perpetua de 240 años.

El tío de Karim también escapó de Filipinas. Sin embargo, en 1996, mientras se encontraba en Qatar, reino del Golfo Pérsico, se llegó a un acuerdo entre el gobierno qatarí y el FBI para detener a Khalid Sheikh Mohammed y entregarlo a Estados Unidos. El FBI envió un equipo a Qatar que esperó su premio en un hotel, pero en el último momento el acuerdo se vino abajo. Al parecer, un "poder superior" intervino en el último momento y Mohammed fue secuestrado. Khalid Sheikh Mohammed escapó a Praga, de todos los lugares, donde estableció un nuevo cuartel general bajo el nombre de Mustaf Nasir. ¿Quién podría haber intervenido para interrumpir un importante acuerdo que se encontraba en la fase final entre dos gobiernos soberanos? Al parecer, la persona que intervino en el acuerdo fue el ministro del gobierno encargado de asuntos religiosos.[178] El otro factor que hay que tener en cuenta es que Qatar es la patria de uno de los teólogos más destacados y abiertos de la Hermandad Musulmana, el Dr. Yusuf al-Qaradawi, decano de Estudios Islámicos de la Universidad de Qatar, que también trabaja desde Londres como director del Consejo Islámico de Europa.[179] La estancia de Khalid Sheikh Mohammed en Qatar tuvo que haber sido

---

[177] *"El pasado como prólogo"*, Russ Baker, 10-2001, salon.com.

[178] *Breakdown: How America's Intelligence Failures Led to September 11*, Bill Gertz, 2002, pp. 55-56.

[179] Qaradawi: Londres, Qatar.

auspiciada por la Hermandad Musulmana, y sólo la Hermandad Musulmana poseía la influencia y el poder necesarios para desbaratar el acuerdo de deportación de Mohammed a las autoridades estadounidenses.

Khalid Sheikh Mohammed es la clave para desvelar toda la conspiración en torno al 11 de septiembre y, sin embargo, los periodistas de investigación de todo el mundo apenas pueden descubrir nada sobre la vida de este hombre. El reportero del *Wall Street Journal* Daniel Pearl fue secuestrado y brutalmente asesinado por proseguir su investigación sobre Khalid Sheikh Mohammed en Pakistán, y el vídeo de alta tecnología dramáticamente editado de su ejecución por decapitación se difundió por todo el mundo a través de Internet como **advertencia**. Cuando el Congreso de Estados Unidos inició su investigación sobre los sucesos del 11 de septiembre, descubrió que el **jefe de la CIA, George Tenet,** impidió la desclasificación de toda la información relativa a Khalid Shaikh Mohammed, y ni siquiera se permitió que se mencionara el nombre de Mohammed en el informe de la investigación. Tenet sabe que un examen crítico de Khalid Sheikh Mohammed revelará los estrechos vínculos de Mohammed con la Hermandad Musulmana y, posteriormente, los vínculos de la Hermandad Musulmana con las organizaciones de inteligencia de élite de Occidente. Mohammed era un activo de la CIA, al igual que "Ramzi Yousef". Formaban parte de la organización de los Hermanos Musulmanes, pero eran musulmanes sólo de nombre. La investigación filipina reveló que tanto Mohammed como su sobrino "Yousef" disfrutaban bebiendo, saliendo de fiesta, visitando bares de striptease y persiguiendo a las mujeres locales.[180] Lo mismo les ocurría a muchos de los secuestradores del 11-S cuando pasaban el tiempo en Florida antes de su operación. Esto contrasta fuertemente con Osama bin Laden, que se ponía los dedos en los oídos cuando sonaba música mientras estaba en público en Sudán.[181] Osama bin Laden estuvo vagamente relacionado con los acontecimientos del 11 de septiembre, pero sólo porque el movimiento islamista internacional es muy pequeño, y desempeñó un papel escaso o nulo en la planificación y ejecución de la operación. La verdad sólo puede encontrarse a través de Khalid Sheikh Mohammed, y demasiados intereses poderosos están decididos a ocultar esa verdad.

---

[180] *Estilo de vida no musulmán: Khalid Sheikh Mohammed*, Ramzi Youssef.
[181] Biografía de Bin Laden en Sudán.

VII. Los problemas económicos de Bin Laden

A finales de 1993, después de servir obedientemente a al-Turabi y a la Hermandad Musulmana durante dos años, Bin Laden empezó a tener problemas de liquidez. No se le permitía retirar fondos a voluntad de la red financiera del "Grupo de la Hermandad" que había ayudado a crear tras la caída del BCCI porque no era su red. Dependía de que sus amos le hicieran llegar esos fondos y, en ese momento, la Hermandad no veía ninguna causa para la que bin Laden necesitara financiación.

La razón principal por la que Bin Laden se arruinó fue que el gobierno saudí había bloqueado todos sus activos y cuentas bancarias. Este hecho está relatado por varias fuentes, incluido Robinson, y el autor anónimo (tengo razones para creer que es el Dr. Saad al-Fagih) de una biografía de bin Laden publicada en PBS.

Para remediar esta situación, Osama bin Laden hizo lo que muchos otros disidentes saudíes han hecho en las últimas décadas: se trasladó a Londres y creó una organización para dar publicidad a su grupo y aceptar donaciones de los millones de musulmanes acomodados que viven en Gran Bretaña. Así lo hicieron el ya mencionado Dr. Saad al-Fagih, que huyó de Arabia Saudí y creó su **Movimiento para la Reforma Islámica en Arabia**, y también el Dr. Muhammed al-Massari, que huyó de Arabia Saudí y creó el **Comité para la Defensa de los Derechos Legítimos** (CDLR).

El hecho de que Bin Laden viviera en Londres durante

un breve periodo de tiempo recibió mucha publicidad en 1999 con la publicación del libro de Yossef Bodansky, *Bin Laden - the Man Who Declared War on America*. La afirmación de Bodansky fue cuestionada por varios periodistas londinenses y, sobre todo, por el "experto" en terrorismo de la CNN Peter Bergen, autor de *Holy War, Inc.* que ridiculizó la posibilidad. Sin embargo, la estancia de Bin Laden en Londres ha sido confirmada por el periodista saudí Adam Robinson en su libro *Bin Laden - Behind the Mask of the Terrorist*. Su biografía, publicada a finales de 2001, se basa en entrevistas con familiares directos de Osama y ofrece un relato detallado de los tres meses que Bin Laden pasó en Inglaterra a principios de 1994.

Al llegar, Bin Laden compró una casa "*en Harrow Road, o cerca de ella, en la zona londinense de Wembley. Pagó en efectivo y utilizó a un intermediario como propietario*".[182] La tarea más importante de Bin Laden fue crear su organización, el **Comité de Asesoramiento y Reforma**, para difundir sus comunicados de prensa y recibir donaciones. Tras la marcha de Bin Laden, un colega disidente saudí, Jaled al-Fawwaz, dirigió el CRA desde Londres, manteniéndose en contacto con Bin Laden por teléfono vía satélite y distribuyendo sus comunicados a los numerosos periódicos en lengua árabe con sede en Londres. Como se mencionó en la primera parte, Bin Laden también estableció relaciones con dos residentes en Londres que fueron cruciales para forjar su imagen de portavoz internacional y cerebro del movimiento islamista militante a lo largo de los años. El

---

[182] *Bin Laden: Behind the Mask of the Terrorist*, Adam Robinson, 2001, p. 168.

primero era Abdel Bari Atwan, editor del periódico árabe *Al-Quds Al-Arabi*, y el otro era el clérigo radical y hermano musulmán jeque Omar Bakri Muhammad, que se autodenominaba *"la voz de Osama bin Laden"* y dirigía el extremista **Partido de la Liberación Islámica** y la organización *al-Muhajiroun* desde su mezquita londinense.

Robinson también cuenta que Bin Laden encontró tiempo para hacer turismo. Escribe: *"Osama era dado a enviar postales. Este rastro de papel muestra que recorrió la Torre de Londres y el Museo Imperial de la Guerra. También salió del sur de Inglaterra al menos en una ocasión y fue una de las millones de personas que cada año visitan el castillo de Edimburgo, en la capital escocesa."*[183]

Robinson describe también la reacción de Bin Laden cuando asistió a dos importantes partidos de fútbol del Arsenal, entre ellos el del 15 de marzo, en el que el Arsenal derrotó al Torino y pasó a las semifinales de un torneo europeo. Bin Laden comentó el entusiasmo y la pasión de los aficionados, y más tarde dijo a sus amigos y familiares que no se parecía a nada que hubiera visto antes. Cuando regresó a Sudán, se llevó consigo recuerdos del club Arsenal, incluida una camiseta para su hijo Abdullah, de quince años.[184]

La excursión de Bin Laden a Londres se vio interrumpida por la interferencia de Arabia Saudí. Bin Laden no era un

---

[183] Robinson, p. 169.

[184] Robinson, p. 169.

"cerebro" terrorista, pero era un militante de alto nivel de los Hermanos Musulmanes y el saudí con más contactos que se había vuelto públicamente contra su gobierno. Según Robinson, Yemen, y también a principios de 1994 el presidente Mubarak de Egipto, presionaron aún más al régimen saudí.[185] Ambos gobiernos estaban recibiendo información de que Sudán estaba ayudando a terroristas que intentaban desestabilizar sus regímenes. Robinson describe la respuesta de Arabia Saudí al problema de Bin Laden,

"En abril de 1994, se le revocó la ciudadanía saudí por *'comportamiento irresponsable'*, y se le informó de que ya no era bienvenido en su tierra natal porque había *'cometido actos que afectaban negativamente a las relaciones fraternales del reino de Arabia Saudí y otros países'*".[186]

En Inglaterra, el gobierno saudí exigió que Gran Bretaña lo entregara para ser extraditado. En lugar de ello, se le permitió abandonar discretamente el Reino Unido y regresar a Sudán. Lo primero que hizo Bin Laden tras volver a casa fue emitir una declaración en la que denunciaba la decisión saudí de revocar su nacionalidad. Su respuesta fue que no dependía de su nacionalidad saudí para definirse como musulmán. Varias semanas después, su ARC cobró vida en Londres, describiéndose en comunicados de prensa como "*un grupo político que pretendía ser una oposición eficaz dentro y fuera del*

---

[185] Robinson, p. 172.

[186] Robinson, p. 172.

sistema de partido único de Arabia Saudí".[187] Robinson p. 173

Durante los años siguientes en Sudán, Bin Laden siguió siendo cauteloso con sus finanzas. Sus propias empresas tenían unos gastos generales muy elevados, por lo que necesitaba un flujo de efectivo continuo. En una entrevista concedida en 1996 *al periódico Al-Quds Al-Arabi* de Abdel Bari Atwan, afirmó que había perdido más de "*150 millones de dólares en proyectos agrícolas y de construcción*" durante su estancia en Sudán.[188] Nunca se quedó sin dinero, pero empezó a ser más cuidadoso con sus gastos. Puede que el "Grupo de la Hermandad" fuera una red financiera a la que nunca le faltaban fondos, pero las cuentas personales de Bin Laden no eran infinitas. Este hecho quedó claro a través del testimonio de varios agentes de Al Qaeda que fueron detenidos tras los atentados contra las embajadas africanas de 1998, y del testimonio de desertores de Al Qaeda.

Un desertor, Jamal al-Fadl, que en su día se encargaba de las nóminas de Bin Laden, se quejó de su sueldo de 500 dólares al mes y lo comparó con los 1.200 dólares que ganaban algunos de los empleados egipcios. Bin Laden le explicó que les pagaban más porque en Egipto podían cobrar sueldos más altos y él quería mantenerlos en el grupo. Al-Fadl desertó más tarde tras robar 110.000

---

[187] Robinson, p. 173.

[188] "*Rastreando el dinero de Bin Laden*", ICT

dólares a Bin Laden.[189]

Otro desertor, L'Houssaine Kerchtou, se enfadó con Bin Laden después de que éste se negara a pagar una operación de cesárea de urgencia que necesitaba su mujer embarazada. Declaró que *"desde finales del 94-95 tenemos una crisis en Al Qaeda. El propio Osama bin Laden hablaba con nosotros y nos decía que no había dinero y que había perdido todo su dinero, que no debía ampliar muchas cosas y que había reducido el salario de la gente"*. Kerchtou también declaró que Bin Laden se negó a pagar la renovación de su licencia de piloto. Cabría pensar que los pilotos con licencia serían considerados un activo tremendo para la infame organización terrorista Al Qaeda.[190]

A finales de 2001, *Al-Quds Al-Arabi* publicó una serie de reportajes sobre la vida de Bin Laden en Sudán. Los informes calificaban su estancia de "negativa" y describían el terrible coste financiero que supuso para él: *"La época de Sudán fue importante a pesar de su impacto negativo en Bin Ladin. Los sudaneses le veían como un inversor que venía a apoyar el proyecto islámico declarado por el Dr. Hasan al-Turabi, líder espiritual de la revolución islámica sudanesa... Por un lado, fue una amarga experiencia para Bin Ladin que **le costó enormes cantidades de dinero** pero, por otro, fue una época en la que se fermentaron muchas de las ideas*

---

[189] *"Trial Poked Holes," New York Times, "Cross Examination..."*

[190] "El *juicio revela una conspiración...*" CNN.com.

y actos posteriores."[191]

Durante la estancia de Bin Laden en Sudán surgieron otros problemas en el seno de Al Qaeda. Cuando el jeque Rahman fue puesto bajo custodia estadounidense tras el atentado contra el WTC de 1993, varios empleados egipcios de Bin Laden exigieron que se elaboraran planes para contraatacar a Estados Unidos, pero Bin Laden se negó. Por ello, varios de ellos abandonaron Al Qaeda disgustados. Más tarde, debido a la presión libia sobre Sudán, Bin Laden intentó enviar a sus operativos libios a casa. Les explicó la situación y les ofreció billetes de avión para ellos y sus familias, pero estaban tan disgustados al ver que Bin Laden cedía a la presión política que rechazaron la oferta y se marcharon.[192]

El juicio por los atentados contra las embajadas hizo mucho por socavar la idea de que Osama bin Laden y su organización Al Qaeda eran una maquinaria terrorista tremendamente rica, invencible, sin fisuras y secreta, capaz de golpear en cualquier parte del mundo. Hasta mediados de 2001, el New York Times estuvo publicando artículos como el del 31 de mayo, de Benjamin Weiser, titulado *"Trial Poked Holes in Image of bin Laden's Terrorist Group"* (*"El juicio abrió agujeros en la imagen del grupo terrorista de Bin Laden"*), pero estos informes no fueron suficientes para hacer añicos la ilusión, y el 11 de septiembre la devolvió con fuerza.

---

[191] "La *vida de Bin Ladin en Sudán*", *Al Quds Al Arabi*.

[192] *"Trial Poked Holes"*, *New York Times*.

Los problemas económicos de Bin Laden y otros problemas internos pueden ser una de las explicaciones de la aparente traición a Bin Laden por parte de Hassan al-Turabi y el gobierno sudanés. Según el empresario estadounidense Mansoor Ijaz, que se reunió con Turabi en julio de 1996, Sudán hizo varias ofertas para entregar a Bin Laden a Estados Unidos a cambio del levantamiento de las sanciones económicas.[193] La primera oferta se hizo en febrero de 1996, pero fue ignorada por la Administración Clinton, a pesar de que un informe del Departamento de Estado, **Patterns of Global Terrorism,** calificaba a Bin Laden como *"uno de los patrocinadores financieros más importantes de las actividades extremistas islámicas en el mundo actual."*

La oferta se repitió en mayo de 1996, cuando Bin Laden se disponía a trasladar su organización a Afganistán, pero fue igualmente ignorada. Incluso después de que Bin Laden abandonara Sudán, el gobierno hizo ofertas para facilitar información a la Administración Clinton. Según un artículo de Newsday.com, Ijaz transmitió estas ofertas, pero la Casa Blanca siguió sin mostrar interés,

"En una visita posterior a Sudán, dijo, se reunió con el jefe de los servicios de inteligencia sudaneses, Gutbi al-Mahdi. *Si puedes convencer a tu gobierno de que venga aquí, esto es lo que podemos poner a su disposición",* dijo al-Mahdi, según Ijaz, señalando tres pilas de archivos que tenía ante sí. *Tenemos toda la red, no sólo a Bin Laden o Hezbolá. Entendemos todo lo que ocurre*

---

[193] *"Oportunidad perdida",* Newsday.com.

en el mundo islámico'".[194]

Según un artículo publicado el 6 de enero de 2002 en The Sunday Times de Londres, en una cena posterior al 11-S en Manhattan, Clinton admitió que dejar marchar a Osama bin Laden fue probablemente "*el mayor error de mi presidencia*".

Pero cabe preguntarse si la oferta era auténtica. ¿Estaba Sudán dispuesto a traicionar a "toda la red" del Islam militante? Ijaz se había reunido con Sandy Berger, adjunto del Consejo de Seguridad Nacional, y con Susan Rice, asesora principal sobre asuntos africanos, para transmitirles las ofertas. Rice explicó posteriormente que las ofertas fueron ignoradas debido al probado historial de duplicidad de Sudán,

"Los sudaneses son uno de los gobiernos más escurridizos y deshonestos del mundo. Lo único que importa es lo que hacen, no lo que dicen que van a hacer. Se les da muy bien decir una cosa y hacer otra".[195]

Puede que Sudán estuviera dispuesto a entregar a Bin Laden, pero entregar a Bin Laden no habría sido más que un pequeño golpe para el movimiento islamista. La Hermandad Musulmana Internacional habría conservado el control sobre la red financiera creada en parte por Bin Laden y habría continuado su guerra contra los regímenes moderados de Oriente Próximo, y contra

---

[194] "*Oportunidad perdida*", Newsday.com.

[195] "*Oportunidad perdida*", Newsday.com.

Occidente, sin apenas perder el ritmo. Osama bin Laden era prescindible.

VIII. La revolución de la Hermandad continúa

Tras el regreso de Bin Laden de su visita a Inglaterra en 1994, las cosas empezaron a calentarse en el mundo musulmán. Tras revocar públicamente la ciudadanía de Bin Laden, el régimen saudí se enfrentó a un creciente malestar fundamentalista en su propio país. La Casa de Saud caminaba sobre una delgada línea: apoyaba la yihad y la expansión del Islam por el mundo, y sacaba provecho de su papel como guardianes de los lugares santos, pero al mismo tiempo la decadencia, la corrupción y las inmoralidades personales de la familia se hacían cada vez más evidentes en casa. Era sólo cuestión de tiempo que esta hipocresía se convirtiera en un problema y la yihad se volviera contra su creador.

Una de las voces disidentes más fuertes dentro de Arabia Saudí era un jeque militante llamado Salman bin Fahd al-Udah. Era bien conocido por Bin Laden y por los miles de "afganos" saudíes que vivían inquietos en el reino tras regresar del campo de batalla. El régimen saudí empezó a ver al jeque Udah cada vez con mayor preocupación y en septiembre de 1994 lo detuvo. Sólo unos días después, una organización de origen anónimo llamada los **Batallones de la Fe** saltó a los titulares al lanzar un ultimátum al gobierno saudí en el que exigía la liberación del jeque Udah en un plazo de cinco días o, de lo contrario, se enfrentaría a una campaña de terrorismo contra los gobiernos saudí y estadounidense.

El gobierno saudí hizo caso omiso de las advertencias y no salió nada de la amenaza, pero Bodansky escribe que fue notable porque fue la "*primera iniciativa tomada por el sistema islamista saudí... la primera amenaza de violencia contra la Casa de al-Saud".* Este ultimátum fue el primer *"comunicado abierto de una organización terrorista islamista dentro de Arabia Saudí".*[196]

En abril de 1995, los islamistas saudíes recibieron un gran impulso gracias a un mensaje grabado por el jeque Udah, que había sido distribuido a sus seguidores. Bodansky describe la importancia de este mensaje:

"La conferencia, titulada 'El trabajo de la muerte', abarcaba toda la lógica de la relación entre la civilización islamista y la occidental y equivalía a una declaración de yihad armada contra la Casa de al-Saud. Proporcionaba una justificación para la confrontación perpetua...

El "trabajo de la muerte" equivalía a una fatwa, es decir, un decreto religioso, que ordenaba el lanzamiento de la yihad contra la familia real saudí. El jeque Udah decretaba que cualquier rechazo de la yihad en favor de otra forma de resistencia era apostasía, un delito capital según la ley musulmana, que no dejaba al creyente otra alternativa que luchar..."[197] Bodansky pp.117-118

Este mensaje del jeque Udah encendió la resistencia al régimen saudí en su país y en todo el mundo. Según Bodansky, el CDLR con sede en Londres (mencionado anteriormente) es *"el grupo de oposición islámica saudí más grande y mejor organizado",* y con la emisión del mensaje del jeque Udah la organización pasó de ser

---

[196] *Bin Laden: The Man Who Declared War on America*, Yossef Bodansky, 1999, p. 117.

[197] Ibid. pp. 117-118.

moderada y diplomática a convertirse en partidaria de la resistencia armada al régimen saudí, un cambio que se refleja en sus propias declaraciones y comunicados de prensa.

La red islamista saudí golpeó de verdad el 13 de noviembre de 1995, cuando un coche bomba explotó en Riad destruyendo un edificio alquilado por Estados Unidos y matando a seis personas, entre ellas cinco estadounidenses. Robinson escribe que la bomba estaba hecha con 200 libras de explosivos de grado militar Semtex, y que destrozó ventanas en un radio de una milla. Inmediatamente, varios grupos islamistas clandestinos reivindicaron la autoría del atentado.

Bodansky escribe que el Movimiento Islámico Armado, la organización yihadista no oficial de la Hermandad Musulmana, se atribuyó el mérito "*difundiendo a través de locales afiliados al AIM un comunicado en nombre de un grupo hasta entonces desconocido que se hacía llamar Organización de Partidarios Militantes de Dios. El comunicado de AIM también subrayaba que la operación de Riad era "la primera de nuestras operaciones de yihad"*".[198]

Los Hermanos Musulmanes se estaban aprovechando del clima político saudí y se habían unido al movimiento para derrocar a la Casa de Saud. Sin embargo, ésta era sólo una operación secundaria. El objetivo principal de los Hermanos Musulmanes en 1995 era destruir a su

---

[198] Ibid. p. 141.

enemigo histórico, el gobierno laico de Egipto.

En marzo de 1995, Hassan al-Turabi convocó una reunión en Jartum con tres de los principales islamistas egipcios: El Dr. Ayman al-Zawahiri, jefe de **la Yihad Islámica** Egipcia, junto con Mustafa Hamza y Rifai Ahmed Taha, ambos de **al-Jamaah al-Islamiyah** (el Grupo Islámico). Zawahiri tenía su base en Ginebra, donde dirigía su organización desde una mezquita de los Hermanos Musulmanes (p. 125). Mustafa Hamza tenía su base en Londres y Jartum, mientras que Rifai Ahmed Taha la tenía en Londres y Peshawar (Pakistán). En esta reunión se acordó el plan para asesinar al presidente egipcio Hosni Mubarak. El atentado se realizaría durante la visita diplomática programada de Mubarak a Addis Abeba (Etiopía) a finales de junio.[199] p. 123

Semanas más tarde, el plan se presentó en una reunión islamista más amplia en Jartum. Se pensó que el asesinato de Mubarak crearía la distracción para un golpe islamista en Egipto, seguido rápidamente por la caída de la Casa de Saud y el derrocamiento de los Estados del Golfo Pérsico. Mustafa Hamza fue elegido para coordinar el levantamiento dentro de Egipto y Ayman al-Zawahiri fue elegido como director operativo del ataque real contra Mubarak.[200]

A finales de mayo, Turabi viajó a París para recibir "tratamiento médico", desde donde realizó una rápida visita secreta a Ginebra para reunirse de nuevo con

---

[199] Ibid. pp. 123, 125.

[200] Ibid. p. 124.

Zawahiri. Dos semanas después, Zawahiri realizó una "visita de inspección" a Jartum, y también pudo viajar a Etiopía utilizando un pasaporte falso para revisar el plan sobre el terreno. A continuación regresó a Ginebra, donde el 23 de junio se celebró en condiciones de seguridad la última reunión de los máximos responsables operativos.[201]

El plan consistía en utilizar tres equipos para atacar el convoy de vehículos de Mubarak cuando saliera del aeropuerto y se dirigiera al centro de convenciones, a 800 metros de distancia. El primer equipo atacaría el convoy con ametralladoras desde varios tejados cercanos al aeropuerto. Se suponía que esto ralentizaría el convoy y permitiría que el segundo equipo, armado con RPG, entrara y bombardeara el coche del presidente y/o cualquier otro vehículo oficial egipcio que estuviera a su alcance. Si el vehículo de Mubarak lograba escapar, se enfrentaría al tercer equipo, que no era más que un único coche bomba armado hasta los dientes y conducido por un terrorista suicida. Los contactos de inteligencia de Zawahiri habían relatado que el conductor de Mubarak tenía instrucciones de viajar a toda velocidad hacia su destino si ocurría algo, y el coche bomba era la última oportunidad de eliminarlo.

El plan fracasó por varias razones. En primer lugar, el séquito de Mubarak se retrasó en la coordinación del convoy y, como la policía etíope disponía de tiempo extra para asegurar la ruta, se pidió al escuadrón de RPG que volviera a empaquetar sus cohetes por razones de seguridad. Entonces, sin previo aviso, Mubarak anunció

---

[201] Ibid. p. 125.

que quien estuviera preparado debía unirse a su convoy para dirigirse al centro de convenciones. No estaba dispuesto a esperar a que todo el convoy se reuniera, y por esta razón los equipos de asalto no fueron avisados con antelación y fueron sorprendidos con sus RPG empaquetados. La decisión final que salvó la vida de Mubarak fue la que tomó una vez que estalló el fuego de las armas ligeras y el convoy se atascó y se detuvo. El conductor simplemente dio la vuelta al coche y regresó a toda velocidad a la seguridad del aeropuerto. El terrorista ni siquiera tuvo la oportunidad de acercarse a la limusina de Mubarak, que resultó ser su Mercedes especial traído de Egipto, a prueba de balas y de RPG.[202]

Bodansky describe las ramificaciones de este complot fallido,

"El atentado contra el presidente Hosni Mubarak en Addis Abeba, Etiopía, el 26 de junio de 1995, marcó un hito en la evolución de la lucha islamista por el control del mundo árabe y del centro del Islam. Operaciones de tal magnitud, aunque en última instancia sean reivindicadas o atribuidas a oscuras organizaciones terroristas, son en realidad instrumentos de política estatal y se llevan a cabo en nombre de las más altas esferas de los Estados patrocinadores del terrorismo. El intento de asesinato, una táctica estratégica patrocinada por Sudán e Irán, tuvo efectos regionales y a largo plazo. Aunque el presidente Mubarak sobrevivió y el levantamiento popular islamista previsto por los conspiradores no llegó a materializarse en Egipto, el mero intento dio un gran impulso al auge islamista en

---

[202] Ibid. pp. 130-131.

toda la región."²⁰³ p. 121

El 4 de julio, el **Grupo Islámico** (al-Yamaah al-Islamiyah), organización terrorista del jeque encarcelado Omar Abdul Rahman, reivindicó la autoría del atentado. Se afirmó que el atentado se había perpetrado en honor de un comandante islamista asesinado por la policía egipcia en 1994.

Egipto se apresuró a culpar a Sudán de patrocinar el atentado, y Etiopía y Estados Unidos, seguidos de la ONU, culparon también a Sudán. Las pruebas eran abrumadoras de que Sudán había alojado, entrenado y financiado a los terroristas, y la culpabilidad de Sudán quedó confirmada por su negativa a entregar a tres de los terroristas acusados de dirigir la operación. Por ello, la ONU impuso sanciones diplomáticas, y Estados Unidos evacuó su embajada de Jartum, expulsó a un diplomático sudanés e impuso sanciones diplomáticas y económicas. El tiempo de Sudán como refugio efectivo del movimiento islámico militante había terminado. Turabi tuvo que cambiar rápidamente su política para evitar cualquier acción grave contra Sudán y preservar su régimen islamista. Uno de sus gestos conciliadores, aunque vacío, fue ofrecer a Osama bin Laden a Estados Unidos. La Administración Clinton no se lo creyó.

El siguiente atentado contra el gobierno de Egipto se produjo el 19 de noviembre de 1995, sólo seis días después del atentado de Riad contra militares estadounidenses. Un coche pequeño se abrió paso a

---

[203] Ibid. p. 121.

través de la puerta de la embajada egipcia en Islamabad, Pakistán, y segundos después se produjo una pequeña explosión en una zona donde los visitantes hacían cola para obtener visados. La explosión, al parecer de un terrorista suicida que había saltado del coche, creó una distracción y en la conmoción una furgoneta cargada con 900 libras de explosivos chocó contra la fachada de la embajada. Esta enorme explosión creó un cráter de seis metros de ancho y tres de profundidad. Diecinueve personas murieron y muchas más resultaron heridas.

Poco después, tres grandes grupos terroristas egipcios reivindicaron la autoría del atentado. El Grupo **Islámico** del Jeque Rahman, dirigido por Mustafa Hamza y Rifai Ahmed Taha, afirmó que el atentado se había cometido en oposición al presidente Mubarak. El Grupo Islámico retiró posteriormente su reivindicación. La siguiente reivindicación fue de la **Yihad Islámica** de Ayman al-Zawahiri, que declaró los nombres de los atacantes, los "mártires" que perpetraron el atentado. La última reivindicación procedía del **Grupo Internacional para la Justicia**, afiliado a Zawahiri, y en ella se afirmaba que el atentado había sido perpetrado por *"el escuadrón del mártir Jalid Islambouli", en* referencia al asesino ejecutado del presidente egipcio Anuar el Sadat.[204]

Bodansky ofrece su conclusión sobre quién fue el responsable de este atentado contra el gobierno egipcio,

"Al igual que el atentado contra el presidente Mubarak, la operación del atentado de Islamabad se llevó a cabo bajo el férreo control y la financiación de los altos

---

[204] Ibid. p. 144.

cuarteles islamistas de Europa Occidental: Ayman al-Zawahiri en Ginebra y su nuevo segundo al mando, Yassir Tawfiq Sirri en Londres"[205] p. 144

A finales de 1995, Sudán estaba sintiendo todos los efectos de su patrocinio del movimiento islamista militante. La economía estaba en pésimo estado y las sanciones prohibían cualquier tipo de inversión o ayuda económica sustantiva del exterior, y Egipto y Arabia Saudí estaban a punto de emprender acciones militares directas. Debido a estas presiones, el general Bashir empezó a disminuir su apoyo al experimento islamista de Hassan Turabi y se apoyó en él para enfriar las cosas durante un tiempo. El tiempo de Sudán como base de la Hermandad Musulmana se acercaba a su fin. La Hermandad Musulmana lo había previsto, e incluso cuando se estaba planeando el asesinato de Mubarak, sus activos se estaban trasladando a los campamentos de Gulbuddin Hekmatyar en Afganistán. Un año después, Osama bin Laden hizo lo mismo. Aterrizó en Jalalabad, Afganistán, el 18 de mayo de 1996.

Para más información, lea los siguientes importantes artículos de Chaim Kupferberg, del CRG:

El misterio en torno a la muerte de John O'Neill: *la preparación propagandística del 11-S*

Daniel Pearl y el pagador del 11-S: *El 11-S y la pistola humeante que se volvió contra su rastreador*

---

[205] Ibid. p. 144.

Bibliografía

A Century of War - Anglo-American Oil Politics and the New World Order, F. William Engdahl, 1993.

Una amistad brutal - Occidente y la élite árabe, Said K. Aburish, 1997

Historia de Egipto: Ocupación británica (1882-1952), Arab.net Cronología de Egipto, utexas.edu

El Egipto de Naguib Mahfouz, cronología

MI6 - Inside the Covert World of Her Majesty's Secret Intelligence Service, Stephen Dorril, 2000

La biografía del Dr. Mohammad Mossadegh, jebhemelli.org

Killing Hope - U.S. Military and CIA Interventions Since World War II, William Blum, 1995.

MI6 - Inside the Covert World of Her Majesty's Secret Intelligence Service, Stephen Dorril, 2000

Descenso a Suez - Diarios del Ministerio de Asuntos Exteriores 1951-1956, Sir Evelyn Shuckburgh, 1986

La jerarquía de los conspiradores: El Comité de los 300, Dr. John Coleman, 1992

Lo que realmente ocurrió en Irán, Dr. John Coleman, 1984, informe especial, publicaciones World In Review

La verdadera historia de los rehenes iraníes en los archivos de Fara Monsoor, Harry V. Martin, 1995.

El banco fuera de la ley: A Wild Ride Into the Secret Heart of BCCI, Jonathan Beaty y S.C. Gwynne, 1993.

Las nefastas actividades de Pak I.S.I., página web

Breaking the Bank, comentario, Wall Street Journal Europe, 8-03-01

India británica, ucla.edu

Matar la esperanza, William Blum, 1995

Afganistán- La trampa del oso, la derrota de una superpotencia, Mohammad Yousaf y Major Mark Adkin, 1992

Bin Laden - El hombre que declaró la guerra a Estados Unidos, Yossef Bodansky, 1999

Guerra Santa, Wilhelm Dietl, 1983

Rehén de Jomeini, Robert Dreyfuss, 1980

Lo que dicen los maltusianos, de *The American Almanac*, 1994

¿Adónde vamos? Maurice Strong, 2000

Bin Laden: Tras la máscara del terrorista, Adam Robinson, 2001

En el nombre de Osama Bin Laden, Roland Jacquard, 2001

El Islam en Asia Central: Afganistán y Pakistán, Ahmed Rashid, (artículo en PDF en línea)

La verdad prohibida, Jean-Charles Brisard y Guillaume Dasquie, 2002

Peter Goodgame, otoño de 2002

www.redmoonrising.com

Otros títulos

GLOBALISTAS E ISLAMISTAS

GLOBALISTAS E ISLAMISTAS

OMNIA VERITAS

Omnia Veritas Ltd presenta:

HISTORIA PROSCRITA
II
LA HISTORIA SILENCIADA DE ENTREGUERRAS

POR

VICTORIA FORNER

"El verdadero crimen es acabar una guerra con el fin de hacer inevitable la próxima."

EL TRATADO DE VERSALLES FUE "UN DICTADO DE ODIO Y DE LATROCINIO"

OMNIA VERITAS

Omnia Veritas Ltd presenta:

HISTORIA PROSCRITA
III
LA II GUERRA MUNDIAL Y LA POSGUERRA

POR

VICTORIA FORNER

Distintas fuerzas trabajaban para la guerra en los países europeos

MUCHOS AGENTES SERVÍAN INTERESES DE UN PARTIDO BELICISTA TRANSNACIONAL

OMNIA VERITAS

Omnia Veritas Ltd presenta:

HISTORIA PROSCRITA
IV
HOLOCAUSTO JUDÍO, NUEVO DOGMA DE FE PARA LA HUMANIDAD

POR

VICTORIA FORNER

Nunca en la historia de la humanidad se había producido una circunstancia como la que estudiaremos...

UN HECHO HISTÓRICO SE HA CONVERTIDO EN DOGMA DE FE

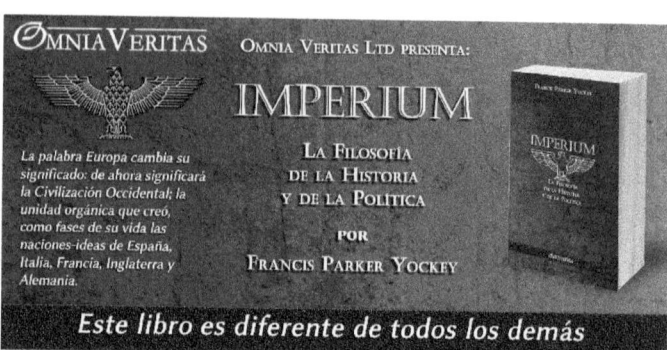

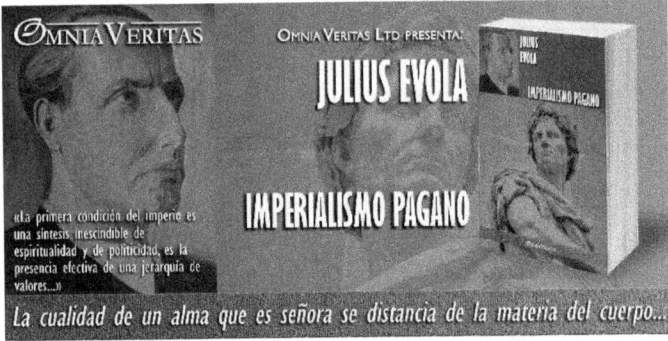
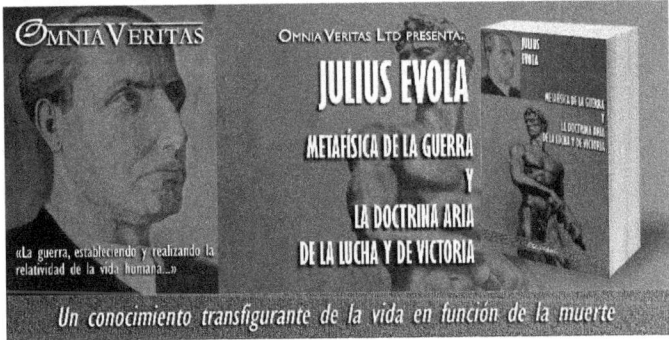

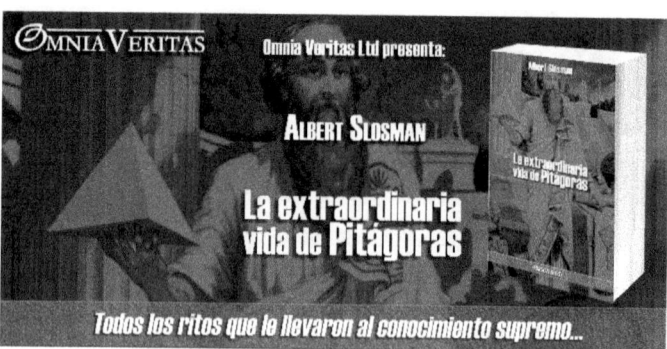

GLOBALISTAS E ISLAMISTAS

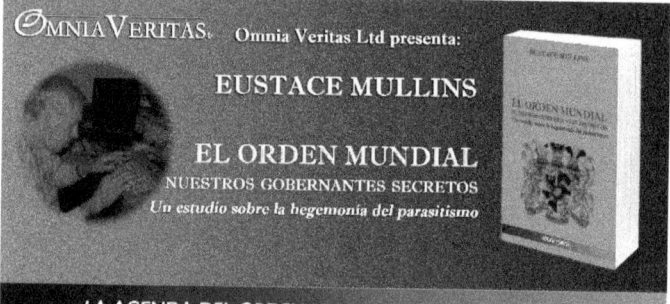

GLOBALISTAS E ISLAMISTAS

Omnia Veritas Ltd presenta:

LOS SECRETOS DE LA RESERVA FEDERAL
LA CONEXIÓN LONDRES

POR **EUSTACE MULLINS**

La historia americana del vigésimo siglo ha grabado los logros asombrosos de los banqueros de la Reserva Federal

AQUÍ ESTÁN LOS HECHOS SIMPLES DE LA GRAN TRAICIÓN

EUSTACE MULLINS
MUERTE POR INYECCIÓN
SE REVELA LA RED SECRETA DEL CÁRTEL MÉDICO

NUEVA HISTORIA DE LOS JUDÍOS
por **EUSTACE MULLINS**

A lo largo de la historia de la civilización, un problema específico ha permanecido constante para la humanidad...

Un pueblo irritó a las naciones que lo habían acogido en todas las partes del mundo civilizado

GLOBALISTAS E ISLAMISTAS